Damke · Schibilsky · Schildmann · Wolf
Eine Leiter zum Himmel

Doris Damke
Michael Schibilsky
Johannes Schildmann
Bernward Wolf

Eine Leiter zum Himmel

Familiengottesdienste
im Kirchenjahr

Patmos Verlag Düsseldorf

CIP-Kurztitelaufnahme der Deutschen Bibliothek

Eine Leiter zum Himmel:
Familiengottesdienste im Kirchenjahr / Doris Damke ...
– 1. Aufl. – Düsseldorf: Patmos Verlag, 1984.
ISBN 3-491-72146-6
NE: Damke, Doris [Mitverf.]

1. Auflage 1984
Umschlaggestaltung: Ursula Maria Kahrl
Gesamtherstellung: Boss-Druck, Kleve
ISBN 3-491-72146-6

Inhalt

OPTIK

Zeit zum Nachdenken. Eine Einleitung

Zufallsentwicklung

Fünf Jahre gemeinsamer Familiengottesdienste liegen hinter uns. Da ist es auch für uns – die Autoren – wichtig, Zeit zum Nachdenken zu finden. Denn keiner hätte sich vor fünf Jahren auch nur entfernt vorstellen können, wie wichtig uns diese Gottesdienste werden würden. Die Themen, die uns damals bewegten (und auch heute noch jeden Tag beschäftigen), lagen weit außerhalb des Gottesdienstes, draußen vor der Kirchentür: soziale und pädagogische Probleme, sozialethische und wirtschaftspolitische Fragen. Verstärkt hinzugekommen sind die drückenden und unmittelbar anstehenden Probleme von Arbeitslosigkeit und Betriebsstillegungen, Suchtprobleme, Konflikte zwischen Jugendlichen und Erwachsenen, Einsamkeit von älteren Menschen, vor allem aber angesichts der Hochrüstung die Friedensfrage als Überlebensfrage auch der Kirche. Und nun ein Buch über Familiengottesdienste – ein Gespräch über Bäume?
Wir waren (und sind es hoffentlich noch) Berufsanfänger; mißtrauisch gegenüber der sattsam bekannten theologischen Richtigkeit: Der Gottesdienst ist das Zentrum der Gemeinde. Und doch: Wir sind überrascht und auch ein bißchen beglückt, daß bei uns diese Gottesdienste nicht nur zum Zentrum, sondern auch zum zentralen Treffpunkt der Gemeinde geworden sind. Mißtrauisch waren wir gegenüber theologisch verbrämter Sprache, die nur im geschützten und geheiligten Raum der Kirche erträglich erscheint, anderwärts bestenfalls Gelächter oder schlimmer noch Unverständnis erntet. Und doch: Wir sind überrascht und auch ein bißchen verwirrt, welche Klarheit und Eindeutigkeit biblische Erzählungen bis heute haben können. Mißtrauisch waren wir gegenüber der Liturgie, die in ständiger Wiederholung dem Gähnen mehr als der Erinnerbarkeit förderlich ist. Und dennoch: Wir sind verblüfft, daß auch wir feste Formen, Wiederholungen benötigen – und sogar schätzen. Wir waren vielleicht auch mißtrauisch gegen allzu festgefügte Gemeinde, gegen Platzhirsche, die das Revier behaupten, gegen die Treuen, die kritiklos allem trauen – Hauptsache: Gottesdienst. Und dennoch: Auch wir fühlen uns manchmal wie Platzhirsche, die ihr Revier bestellen, und sind froh über die Treuen, die uns dabei noch trauen. Wir haben also angefangen mit dem Mut des Anfängers, mit der Entschlossenheit des Unsicheren, mit der Risiko-

freude des Dilettanten, mit der Begeisterung des Neuanfangs, mit der Ängstlichkeit des Ungewohnten. Und hoffentlich mit einem Schuß Vertrauen und Unbefangenheit. Daß Familiengottesdienste ein konkretes Stück praktizierten Gemeindeaufbaus sein würden – das haben wir erst viel später gemerkt.
Denn so hat alles angefangen: Wir mußten einen gemeinsamen Vorstellungsgottesdienst gestalten, einer von uns war schon da, zwei kamen neu in die Gemeinde, ein neues Team, das sich einer durchaus traditionsbewußten Gemeinde vorstellte. (Inzwischen sind wir vier: Doris Damke kam zum 1. April 1983 in unser Team-Pfarramt dazu, das seit 1978 besteht.) Es war ein Erntedanksonntag, 1978. Mit der Gemeinde wollten wir Gemeinschaft beginnen, erleben und feiern, Gemeinschaft im Gottesdienst – und weit darüber hinaus, Gemeinschaft mit Brot und Trauben –, und die Anspielung auf die von Jesus Christus gestiftete Gemeinsamkeit kam uns durchaus in den Sinn. Gemeinschaft, die hoffentlich länger anhält – und die weit über den Gottesdienst-Raum und die Gottesdienst-Gemeinde hinausreicht. Das Symbol stand im Mittelpunkt, das Teilen von Brot und Trauben. Ein Symbol, wie damals, als Jesus verdeutlichte, wozu er gelebt und wofür er sterben und auferstehen würde: Gemeinschaft finden, miteinander teilen – das Leben!
Nun werden die meisten neuen (und jungen) Pastoren in einer Gemeinde (die ansonsten ja verwaist wäre) freundlich und mit viel Wohlwollen begrüßt. Und das hilft ja auch. Uns wurde immer wieder gesagt: Dieser gemeinsame Gottesdienst, gemeinsam gestaltet von den Pastoren der Gemeinde, gemeinsam gefeiert mit einer großen Gemeinde – das ist ein wichtiges Zeichen, das brauchen wir. Gemeinschaft bilden – ja das brauchen wir alle. Und so erschließen sich alle Familiengottesdienste von diesem Grundmotiv aus: Gemeinschaft bilden, sich Gemeinschaft schenken lassen, Gemeinschaft erfahren und gemeinsam handeln. Die ermutigenden Reaktionen vieler Gemeindemitglieder gerade am Anfang haben – mehr als das den Beteiligten vielleicht bewußt war – diesen Grundimpuls verstärkt und auf Dauer gestellt. Und als wir vor der nächsten gemeinsamen Aufgabe standen, dem Adventsgottesdienst, da setzte sich das einfach fort. Die Gemeinde hatte Lust zu diesen Gottesdiensten – und wir auch! Und wir merkten sehr bald die Chancen und Gestaltungsmöglichkeiten: die entscheidenden Grundmotive unseres Glaubens im Laufe eines Kirchenjahres zentral deutlich und erfahrbar werden zu lassen – mit vielen Nachwirkungen in alle Gruppierungen und Formen der Gemeindearbeit hinein. Und so kam es, daß wir – und auch die Gemeinde – bisweilen richtig neugierig waren auf den nächsten Familiengottesdienst, neugierig auf ein weiteres Stückchen Evangelium.

Grundmuster

Auch das Grundmuster unserer Familiengottesdienste hatte sich – ehrlich gesagt eher intuitiv als liturgisch kognitiv – schon im ersten Familiengottesdienst herauskristallisiert:
Im Zentrum eines jeden Gottesdienstes steht ein Symbol, ein Zeichen oder ein zeichenhafter Handlungsteil, in dem die Kernaussage des Glaubens, bezogen auf die augenblickliche Situation, erfahrbar wird: das Teilen von Brot und Trauben; oder das Zeichen des Lichts, das sich vom Zentrum des Glaubens her hin zu jedem einzelnen ausbreitet; oder die Himmelsleiter, die von Gott geschenkte Brücke zwischen Himmel und Erde; oder der Regenbogen als Zeichen des Bundes zwischen Gott und den Menschen.
Anstelle einer Predigt, die oft genug nur wenige Zuhörer – Kinder schon gar nicht – anspricht, trat die ausführliche Erzählung einer biblischen Geschichte, in unserer Sprache, aber mit der Wahrheit, die die Bibel bezeugt. Damit knüpfen wir an die besten Traditionen des Glaubens an: die Erfahrungen erzählen, die wir Menschen mit Gott in unserem Leben machen. Und hoffentlich sind diese Erzählungen lebendig, manchmal auch ein bißchen spannend, nachvollziehbar, direkt und unmittelbar, in aktueller Sprache und in Treue zum biblischen Bekenntnis. Und wir haben oft genug erlebt, daß gerade diese Erzählungen den Gemeindemitgliedern und Gottesdienst-Besuchern zu Predigten wurden. Predigten jedoch, die Kinder nicht ausschließen, sondern einbeziehen und mitnehmen.
Zum Meditationsteil gehört für uns die Deutung des Symbols. Einfache Sprache schließt Kinder nicht aus und führt Erwachsene in größere Tiefen des eigenen Nachdenkens. Dabei sollte ein solcher Meditationsteil keine herkömmliche Predigt sein, sie auch nicht ersetzen, sondern einladen, im eigenen Nachdenken über das tragende Symbol selber die Inhalte der Verkündigung zu entdecken, sich anzueignen und auf die persönliche Situation übertragen zu können.
Die Zuordnung biblischer Verkündigungsinhalte hält sich, wie schon beim ersten Durchgang ersichtlich, nicht an die übliche Perikopenordnung. Das ist kein Zufall. Die Perikopenordnung unterliegt anderen Gesetzmäßigkeiten und Anforderungen als ein Familiengottesdienst. Nur in einzelnen Fällen helfen die vorgeschlagenen Texte im Familiengottesdienst weiter.
Theologisch zugespitzt heißt das: Wir sind nicht »vom Text zur Predigt« gegangen, sondern eigentlich immer umgekehrt: vom Kasus zum Text der Verkündigung gekommen. Und wir schämen uns deshalb nicht einmal. Ausgangspunkt war immer die Überlegung, welcher zentrale Inhalt christlicher Verkündigung sich anläßlich des gegebenen Kasus deutlich herausarbeiten läßt. Praktisch gesagt: Die Suche nach einem überzeugenden und realisierbaren Symbol-Teil bestimmte die Ausgangslage unseres Gespräches. Und diese Gespräche waren immer wesentlich

von der Fantasie bestimmt, oft heitere und manchmal sogar ironisch-fröhliche Diskussionen. Die Ideen entstanden im Kommunikationsprozeß – zugegeben jedoch unter drei bzw. vier theologisch sozialisierten Gesprächspartnern. So haben wir manchmal Inhalte biblischer Verkündigung unter dem vorgegebenen Kasus neu entdeckt und für uns liebgewonnen.

Zur Gemeinsamkeit eines Gottesdienstes, zum Feiern von geschenkter Gemeinschaft gehören die Musik, das gemeinsame Singen. Und da sind wir mitten im Elend unseres (evangelischen) Kirchengesangbuches. Manchmal haben wir mit Neid auf das (katholische) »Halleluja« geblickt – und es gern benutzt.

(Im übrigen werden die Liedvorschläge für die Familiengottesdienste zitiert nach:
- Evangelisches Kirchengesangbuch. Ausgabe für die Landeskirchen Rheinland, Westfalen und Lippe [= EKG]
- Gotteslob. Katholisches Gebet- und Gesangbuch für das Bistum Essen [= GL]
- Mein Liederbuch für heute und morgen, tvd Verlag Düsseldorf [= tvd]
- Halleluja. Liederbuch für junge Christen, hrsg. vom Bistum Essen [= Halleluja].)

Sehr oft haben wir neue Lieder eingebracht, Lieder der Kirchentage, die das Leben unserer Gemeinde bereichert und beflügelt haben. Und wir sind dankbar für einen hochqualifizierten Kirchenmusiker, der seine Gaben miteinbringt – und sich auch nicht verweigert, wenn er die musikalische Qualität mancher neuer Lieder weniger überzeugend findet als ihre Eingängigkeit und Singbarkeit. Unser Kirchenmusikdirektor Gerhard Kemena hat seine Fantasie miteingebracht, seine Improvisation, sein Können. Und seine Großzügigkeit. Er hat uns beraten, aber nie Vorschriften gemacht. Und er hat Raum gelassen, daß auch andere musikalische Elemente den Gottesdienst ergänzen und beleben konnten. Zum Beispiel eine Flötengruppe, Kinder zum größten Teil und Jugendliche, die mit Flöten, Gitarren und Schlagzeug neue Lieder begleitet haben. Auch unser Posaunenchor hat mitgemacht, festlich mitgestaltet. Der Kirchenchor gehört ebenfalls zur Gestaltung dieser Gottesdienste dazu, mit eigenen Werken, aber auch als Verstärkung und Hilfe für neue Gemeindelieder. Und die Kinder haben mitgesungen, mitgeklatscht – Kinder singen unheimlich gern!

Das sind die großen drei Säulen unserer Familiengottesdienste: Symbol (Handlungs- und Meditationsteil); Erzählung (Verkündigung); Singen (gemeinsames Loben). Getragen und zusammengehalten werden diese drei Teile durch Bestandteile der ganz traditionellen Liturgie, die wir dann auch wieder sehr schätzen gelernt haben:

Eingangsworte – um zu sagen, in wessen Namen das alles geschieht: Im Namen des Vaters und des Sohnes und des Heiligen Geistes. Unsere Hilfe steht im Namen des Herrn, der Himmel und Erde gemacht hat.

Eingangsgebet – mit der Möglichkeit, Belastungen auszusprechen, auf Vergebung zu hoffen, sich einen neuen Anfang schenken zu lassen.

Psalm-Lesung: als Antwort Gottes auf Worte, die wir an ihn richten, als Lyrik des Glaubens.
Und natürlich das Glaubensbekenntnis – die gemeinsame Mitte unseres christlichen Glaubens.
Am Schluß des Gottesdienstes: den Weg hinausfinden, nicht im Erleben steckenbleiben, sondern wissen, daß es weitergeht, um Gottes Willen weitergehen muß: für andere bitten – und für sie wirklich eintreten, für uns selber bitten – und uns an die Hand nehmen lassen, mit den Worten Jesu das Vaterunser beten – und sich segnen lassen.
Da geht es nicht um Formen, nicht um liturgische Richtigkeiten, sondern um den einzig möglichen Weg: aus dem Glauben heraus handeln, im Glauben dankbar werden und sich befähigen lassen, tätig zu werden. Darum ging manchmal der Gottesdienst weiter, draußen vor der Tür: etwa, wenn wir Friedensgrüße, im Gottesdienst formuliert und auf Postkarten geschrieben, vor der Kirchentür an Luftballons geknotet und sie hinausgeschickt haben zu Menschen, die wie wir sich nach Frieden sehnen. Etwa, wenn wir – einen ganzen Tag lang – rund um unsere Martinskirche in Bottrop Gemeinde feiern, und wenn dann bis zu 2000 Menschen einfach mit uns mitfeiern, über Gemeinde- und Konfessionsgrenzen hinaus. Oder wenn wir im Gottesdienst gepflanzt haben und diese Pflanzen uns nun anvertraut werden, wir sie mitnehmen, wie damals, mit dem Auftrag, die Schöpfung zu bebauen und zu bewahren.

Der Raum

Für einen Familiengottesdienst wünscht man sich eine besondere Kirche: möglichst quadratisch oder rund – ohne Nötigung zum »Frontal-Gottesdienst«; bewegliche Bestuhlung – ohne Zwang zu geschlossenen Bänken; Gestaltungsflächen, Projektions-Möglichkeiten, technische Ausstattung. Nur – das alles hatten wir nicht! Unsere Martinskirche ist ein neugotischer Backsteinbau mit festen Sitzbänken, ein Gottesdienstraum nach den Vorstellungen von 1884 (so alt ist unsere Kirche nämlich). Also Verhältnisse, in denen ein Familiengottesdienst – theoretisch – nicht möglich ist. Für uns waren diese widrigen Gegebenheiten eine Herausforderung und eine Chance: den Raum so zu nutzen, wie er ist, mit den Einschränkungen, die uns letztlich nicht gestört haben – aber auch mit großen Möglichkeiten. Inmitten von gegebenen Verhältnissen, unter bewußtem Respekt vor gewachsenen Strukturen und baulichen Gegebenheiten, im traditionellen Rahmen neues Leben zu erfahren, das war die Chance unseres neugotischen Gottesdienstgebäudes. So war die Gefahr gering, daß es technisch-multimediale Familiengottesdienste der Plastik-Gesellschaft im ex-und-hopp-Verfahren wurden.

Vielmehr bot der geprägte Gottesdienstraum die Chance, Kontraste wahrzunehmen und gleichzeitig Vertrautheiten zu erleben; und er unterstützte die Möglichkeiten zur Konzentration und Sammlung – ohne die mancher Familiengottesdienst sonst in Klamauk enden könnte. Unter anderen baulichen Gegebenheiten sollte man also der Versuchung zu starken räumlichen Umgestaltungen nicht allzu sehr erliegen; mehr noch: Elemente finden, die zur Stille und Sammlung, zur Konzentration und hoffentlich zur heiteren Gelassenheit einladen.
Erfahrungsorientierte Gottesdienste – so hieße das Schlagwort, mit dem Bibliothekare dieses Werkbuch in der praktisch-theologischen Literatur einsortieren könnten. Erfahrungsorientierte Gottesdienste – das heißt für uns: ein Stück Leben in den Gottesdienst bringen – und ein Stück Gottesdienst ins Leben bringen.

Familiengottesdienste im Kirchenjahr

Als Menschen brauchen wir Zäsuren, um Zeit und Geschichte wahrzunehmen und zu begreifen. Lebensgeschichtlich haben sich diese Zäsuren weitgehend durchgehalten. Nach wie vor besteht dabei meistens der Wunsch nach religiöser Begleitung (Taufe, Konfirmation/Kommunion, Firmung, Trauung, Ehejubiläum, Beerdigung). Über diese Anlässe hinaus werden ständig neue lebensgeschichtliche Zäsuren gesetzt und – dann allerdings kaum religiös begleitet – gefeiert (»runde« Geburtstage und Ehejubiläen, Berufsjubiläen usw.).
Demgegenüber tritt im Ablauf eines Jahres eine zunehmende Nivellierung ein: Manche Kinder können beim Blick aus dem Fenster kaum noch die Jahreszeit bestimmen, weil das Hochhaus gegenüber oder der Hof immer gleich aussehen und auch die Dunstglocke am Himmel sich nur geringfügig verändert. Auch an der Nahrung ist kaum noch zu erkennen, in welcher Jahreszeit man sich befindet: Es gibt fast immer alles ... – Eine solche Nivellierung stellen wir auch im Kirchenjahr fest: Die einzige Gelegenheit, wo der christliche Gehalt eines Festes zumindest ansatzweise wahrgenommen und kirchliche Begleitung von einer großen Zahl der Gemeindemitglieder gewünscht und erlebt wird, ist das Weihnachtsfest.
Diese Nivellierung macht es uns schwerer, Zeit und Geschichte bewußt wahrzunehmen und damit auch das Leben in seiner Zeitlichkeit zu begreifen.
Aus dieser Erkenntnis heraus hat das Kirchenjahr mit seinen unterschiedlichen Schwerpunkten für uns neues Gewicht bekommen:
– Eine Orientierung am Kirchenjahr und eine Gewichtung durch besondere Gottesdienste an ganz bestimmten Festtagen können auch für Gemeindemitglieder eine Hilfe sein, Zäsuren im eigenen Leben wahrzunehmen oder zu setzen. Schon aus diesem Grund wählen wir als Termine für unsere Familiengottesdienste bewußt die Festtage selbst und nicht Sonn- oder Feiertage in deren Umfeld.

– Dazu kommt, daß gerade an den größeren Festen auch bei distanziert-volkskirchlichen Gemeindemitgliedern noch am ehesten das Bedürfnis oder die Bereitschaft bestehen, einen Gottesdienst zu besuchen. Indem wir zu diesen Gelegenheiten besondere Gottesdienste anbieten, versuchen wir ein Stück Gemeindeaufbau zu leisten: Wir haben es immer wieder erlebt, daß durch einen solchen Familiengottesdienst negative Vorerfahrungen mit Kirche und entsprechende Vorurteile in Frage gestellt wurden und neue Offenheit oder sogar Bereitschaft zur Mitarbeit entstanden sind.
– Schließlich werden im Verlauf eines Kirchenjahres wesentliche Themen des christlichen Glaubens angesprochen, meist gerade im Zusammenhang der großen Feste: Hoffnung und Erfüllung (Advent und Weihnachten); Tod und neues Leben, Schuld und Befreiung (Ostern); geschenkte Lebensmöglichkeiten, Verantwortung für die Schöpfung, Geschwisterlichkeit im Teilen (Erntedank). Das Thema Gemeinschaft ließe sich am ehesten dem Pfingstfest zuordnen; wir haben es jedoch mit unserem Gemeindefest verbunden.
– Familiengottesdienste bieten die Möglichkeit, die zentralen Inhalte des christlichen Glaubens immer wieder neu zu elementarisieren und dadurch gerade den distanzierten Gemeindemitgliedern, die mit ihren Kindern zu diesen besonderen Gottesdiensten kommen, nahezubringen.

Zielgruppe

»Familiengottesdienst« – dies ist zu einem gängigen Schlagwort für eine Vielzahl neuerer Gottesdienstformen geworden. Gilt für manche bereits ein in der Form bzw. Darbietung aufgelockerter agendarischer Gottesdienst als Familiengottesdienst, so verstehen andere darunter einen auf Kinder im Kindergarten- und Grundschulalter zugeschnittenen Gottesdienst. Eine klare Abgrenzung erscheint unmöglich und auch wenig sinnvoll. Denn nicht zuletzt die Gegebenheiten und Möglichkeiten in der jeweiligen Gemeinde prägen den Charakter der Familiengottesdienste.
Das trifft auch auf unsere Bottroper Gemeinde und die hier dokumentierten Familiengottesdienste zu. Sie sind, wie beschrieben, anläßlich der Vorstellung von zwei Teammitgliedern im Rahmen eines großen Gemeindegottesdienstes erstentstanden. Und sie haben als Bezugsfeld die ganze Gemeinde behalten – nicht ohne Grund.
In unserer Großgemeinde gibt es nur einen Kindergarten, der zudem mehrheitlich von Kindern anderer Religionszugehörigkeit besucht wird. Deshalb erscheint uns der Kindergarten als Basis von Familiengottesdiensten, wie in vielen anderen Gemeinden zu beobachten, weniger geeignet zu sein. Er allein bietet unter unseren

Bedingungen eine zu schmale Basis. Zum anderen zeigte sich unsere Gemeinde beweglich genug, über agendarische Kosmetik bzw. Auflockerung hinaus in den Familiengottesdiensten zu einer neuen, freieren Form gottesdienstlicher Feier zu gelangen, die einen größeren Kreis von Gemeindemitgliedern anzusprechen vermochte.

Unter dieser Voraussetzung konnte sich in unserer relativ anonymen Innenstadtgemeinde der Familiengottesdienst als eine wesentliche Chance zur Darstellung und Erfahrung von Gesamtgemeinde entfalten. Daß sich nach jetzt sechs Jahren noch keine wesentlichen Ermüdungs- und Abnutzungserscheinungen zeigen, deutet darauf hin, daß solche Gottesdienste als generationsübergreifende Feiern der gesamten Gemeinde weiterhin ihren Stellenwert behalten dürften.

So finden sich in diesen Familiengottesdiensten klassische Kerngemeinde und »Randständige«, Kindergartenkinder, Jugendliche und Senioren, Familien und Alleinstehende. Es sind Gruppen und Kreise der Gemeinde vertreten: Familien der Mutter-Kind-Gruppen, Kindergartenkinder mit ihren Erzieherinnen, Schulkinder, die über die Grundschulen besonders eingeladen werden, Jugendliche aus der Konfirmanden- und Jugendarbeit, Mitglieder von Erwachsenen- und Seniorengruppen. Daneben gibt es auch ein spezifisches – wie wir es nennen – »Familiengottesdienstpublikum«: Einzelne und Familien, die sonst wenig Kontakt zur Gemeinde haben und in den Gruppen kaum auftauchen, die aber trotzdem diese Gelegenheit wahrnehmen, mit dem christlichen Glauben und der Gemeinschaft der Kirche in Verbindung zu bleiben.

Zu diesem Personenkreis gehören viele junge Familien, die wir etwa bei Taufgesprächen kennenlernen. Familiengottesdienste sind ein hilfreiches Angebot für diese Gemeindemitglieder, es mit der Gemeinde und ihrem Gottesdienst nach vielen anderen, oft schlechten Erfahrungen »neu zu probieren«. Manche Eltern kommen zunächst aus dem Gefühl heraus, etwas für ihre Kinder tun zu müssen, entwickeln dann aber mit der Zeit eine eigenständige, auf ihre Person bezogene Motivation.

Familiengottesdienste also als Feier der gesamten Gemeinde. So sehr wir dies bejahen, so schwierig erscheint es, die bunte Vielfalt von Erwartungen und Bedürfnissen aufzunehmen. Den oft begangenen Weg, sich auf die Kinder zu konzentrieren – etwa durch besondere Ansprache, Katechese, Aktion oder Spiel –, wollten wir nicht beschreiten. Wir befürchteten, daß dabei die Erwachsenen zu interessiert-erfreuten Zuschauern kindlicher Darstellung und die Kinder wiederum zu Instrumenten der Gottesdienstgestaltung werden könnten.

Wir meinen, eine für alle Gruppen tragfähige Grundgestalt in dem Dreischritt von freier biblischer Erzählung, symbolischer Aktion, begleitender Meditation bzw. Kurzansprache gefunden zu haben, eingebettet in eine freie liturgische und musikalische Gestaltung.

Indem solche Gottesdienste anknüpfen an die Fantasie der Kinder, die oft ver-

schüttete Fantasie der Erwachsenen neu zu aktivieren suchen, anleiten, Einfaches bewußt wahrzunehmen, und elementare Erfahrungen ermöglichen, können sie anspruchsvoll genug für Erwachsene und zugleich anschaulich genug für Kinder sein.
Gewiß bleibt dies ein Balanceakt, und in mancher Hinsicht auch ein Kompromiß. Manche erwachsenen Gottesdienstteilnehmer würden sicher eine ausführlichere Predigt begrüßen, für viele Kinder hingegen ist schon eine Kurzansprache zu lang. Dennoch hat sich nach unseren Erfahrungen diese Konzeption als tragfähig erwiesen. In ihrer Gesamtheit bietet sie allen Teilnehmern Chancen zur Teilnahme, zum Mitfeiern, Mitbedenken und Mithandeln: in der Offenheit einer Meditation, in der Anschaulichkeit einer biblischen Erzählung, in der Erfahrungsbezogenheit einer symbolischen (Inter-)Aktion, im gemeinsamen Singen und Beten.

Mitarbeiter

Grundsätzlich bieten Familiengottesdienste die Chance, Menschen anzusprechen, die bisher eher am Rande des Gemeindelebens standen. Dies gilt nicht nur für die Teilnehmer am Gottesdienst (vgl. »Zielgruppe«), sondern in besonderer Weise auch für Jugendliche und Erwachsene, die zur Mitarbeit an Familiengottesdiensten gewonnen werden. Hier ist eine große Bereitschaft vorhanden, und oft bedarf es lediglich eines kleinen Anstoßes.
Viele Möglichkeiten der Mithilfe oder auch der Mitverantwortung bieten sich an, von handwerklicher Mitarbeit über musikalische Begleitung bis hin zur inhaltlichen Mitgestaltung in Planung und Durchführung des Gottesdienstes.
Die Gottesdienste selbst können dadurch eine starke Bereicherung erfahren, sowohl was neue Ideen als auch was kritische Begleitung der Planung durch Laien betrifft. Auch ganz »naive« Fragen oder Vorschläge können das »Abheben« verhindern helfen.
Die beteiligten Mitarbeiter erhalten durch Vorbereitung, Durchführung und Kritik eines Gottesdienstes die Chance, ihre eigenen – bisher vielleicht verborgenen – religiösen Fragen und Erfahrungen wahrzunehmen, aufzuarbeiten und gegebenenfalls weiterzuentwickeln. Und dies geschieht eben nicht in einem eigens dafür eingerichteten Seminar, sondern eher beiläufig in der gemeinsamen Arbeit am Projekt Gottesdienst.
Die verantwortliche Beteiligung eines Mitarbeiterkreises an der Gestaltung der Gottesdienste hat allerdings nicht nur Vorteile, sondern kann auch eine Einschränkung von Möglichkeiten zur Folge haben. Vor allem bei einer größeren Mitarbeitergruppe entsteht die Frage, wie denn nun auch alle, die mitgedacht und mitgeplant haben, im Gottesdienst selbst beteiligt werden können, und zwar nicht

nur mit Hilfsdiensten wie Kerzenverteilen o.ä. Dann kann es leicht dazu kommen, daß die Struktur des Gottesdienstes sehr stark davon bestimmt wird, daß man mit Sprechmotetten, Anspielen oder anderen »Vorführungen« einen Gottesdienst *für* die Gemeinde und nicht *mit* der Gemeinde veranstaltet. Das hat seinen eigenen guten Sinn, entspricht aber nicht der Art der Familiengottesdienste, die wir mit unserer Gemeinde feiern möchten.

Darüber hinaus muß man berücksichtigen, wie der Spannungsbogen eines Gottesdienstes entwickelt, gehalten und zu Ende geführt werden kann und ob die zur Verfügung stehenden Mitarbeiter dazu in der Lage sind. Gerade, wenn die Gemeinde selbst stark beteiligt ist, wenn also auch erhebliche Unruhe während des Gottesdienstes entstehen kann, die dann wieder »eingefangen« werden muß, spielt das eine wichtige Rolle.

Schließlich haben wir u. a. bei der Vorbereitung von Schulgottesdiensten die Erfahrung gemacht, daß solche Mitarbeitergruppen bei der Ideenfindung und Planung der Durchführung manchmal sehr schwerfällig und eher hemmend sein können.

Ob man sich entscheidet, im Kreis der Pastoren, mit haupt- oder ehrenamtlichen Mitarbeitern oder einem völlig neu zusammengestellten Kreis Familiengottesdienste vorzubereiten, das wird an den örtlichen Gegebenheiten und den Personen liegen, die man ansprechen kann.

Unsere Familiengottesdienste haben keinen Mitarbeiterkreis, der Ideen, Inhalte und Organisation eines Gottesdienstes entwickelt und »trägt«. Das geschieht hin und wieder bei bestimmten Zielgruppengottesdiensten mit dem Kindergarten, mit Senioren oder anderen Gemeindegruppen, aber nicht bei den Familiengottesdiensten, die die gesamte Gemeinde als Bezugsfeld haben (vgl. »Zielgruppe«). Dies hat z.T. die obengenannten Gründe, liegt darüber hinaus aber auch ein Stück weit in der zufälligen Entstehung unserer Tradition der Familiengottesdienste begründet: Viele Menschen in der Gemeinde erleben nach wie vor das gemeinsame Auftreten von zwei oder drei Pastoren als ein Zeichen der Zusammengehörigkeit der Gesamtgemeinde, die von ihrer städtebaulichen Struktur in unserem Gemeindebereich sonst ein eher diffuses Bild abgibt. Seit wir zu vier Pastoren in der Gemeinde arbeiten, sind allerdings nur jeweils zwei von uns – in wechselnder Kombination – verantwortlich, um das Gegenüber von Gemeinde und Pastoren nicht zu stark werden zu lassen. Dabei haben wir immer wieder darauf geachtet, daß nicht einer zum Liturgen, ein anderer zum Erzähler usw. wird, sondern haben versucht, die Funktionen im Gottesdienst jeweils neu zu verteilen.

Trotzdem sind an jedem Gottesdienst auch bei uns viele Mitarbeiter beteiligt: Kirchenchor, Posaunenchor und eine Musikgruppe mit Kindern und Jugendlichen begleiten die Lieder. Wenn dadurch bisweilen ein Gottesdienst vielleicht etwas überladen erscheint – auch hier taucht das Problem auf: wie lassen sich alle gebührend beteiligen –, haben wir diese Form bisher bewußt beibehalten, um

deutlich zu machen, daß die Familiengottesdienste ein Ereignis der Gesamtgemeinde sind.
In einzelnen Gottesdiensten sind Konfirmanden, Erzieherinnen des Kindergartens, Kindergottesdienstmitarbeiter u. a. im Ablauf selbst beteiligt, z. B. bei Gebeten, Lesungen, Aktionen oder auch schon einmal bei der Vorbereitung einzelner inhaltlicher Teile. Das hängt von Thema und Gestalt des jeweiligen Gottesdienstes ab.
Schließlich sind zur technischen Vorbereitung der einzelnen Gottesdienste in den meisten Fällen mehrere Mitarbeiter nötig. Vor allem der Zivildienstleistende unserer Gemeinde ist bei Besorgungen und Bastelarbeiten eine wichtige Hilfe, aber auch ehemalige Konfirmanden, die technische und handwerkliche Fähigkeiten einbringen.

Handwerkliches

Daß ein Gottesdienst im Durchschreiten des hermeneutischen Spannungsbogens zwischen biblischer Tradition und gegenwärtiger Lebenssituation im Studierzimmer, am Schreibtisch Gestalt gewinnt – das war auch für uns eine zunächst selbstverständliche Tradition. Denn die normale gottesdienstliche Feier der Gemeinde lebt von dem gesprochenen und gesungenen Wort. Zeichenhandlungen, an denen der evangelische Gottesdienst noch ungleich ärmer ist als der römisch-katholische, sind weitgehend ritualisiert und bedürfen keiner besonderen Vorbereitung.
Durch die Entwicklung unserer Familiengottesdienste, aber auch durch Katholiken- und Kirchentage haben wir hinzugelernt. An die Stelle der Predigtidee ist die tragende Idee für den gesamten Gottesdienst getreten. Und dieser Grundgedanke bedarf in vielen Fällen nicht allein geistiger, sondern eben auch handwerklicher Erarbeitung. Symbolische Interaktion, ein wesentliches Element der hier vorgestellten Gottesdienste, ist auf andere Weise nicht durchführbar. In gewisser Hinsicht tritt also neben das Studierzimmer der Werkraum, neben die Schreibmaschine das Handwerkszeug. Wenn der Primat theologischer Reflexion gewahrt bleibt, dann kann dies eine wesentliche Bereicherung für die Vorbereitung und Durchführung von Gottesdiensten bedeuten. Und was uns früher als eher lästige Zusatzaufgabe erschien, etwa das Sammeln von Steinen für den Ostergottesdienst, die Vorbereitung der Aktion »Friedensgrüße«, derart handwerklich-technische Vorarbeiten sind uns in der Zwischenzeit zu einem wichtigen Bestandteil »ganzheitlicher Gottesdienstvorbereitung« geworden. Wir wollen ihn deshalb auch möglichst nicht einfach an Mitarbeiter delegieren, sondern uns selber dabei mit einbringen. Grundgedanken mancher Meditationen sind uns im Erstellen der

Materialien, beim gemeinsamen Ausprobieren und Diskutieren mit Mitarbeitern gekommen. Wenn wir im folgenden zum Teil detaillierte Hinweise zur technischen Vorbereitung und Durchführung geben, dann nicht, um Kreativität und Fantasie des Lesers zu beschneiden, sondern ihm Mut zu machen, diese Art von Gottesdienstgestaltung und -vorbereitung selbst zu versuchen. Vielleicht kann so mancher Fehler, der uns unterlief, unterbleiben und der zeitliche Aufwand für die Vorbereitung so vermindert werden.
Zur sorgfältigen Vorbereitung von Familiengottesdiensten gehört u. E. auch die Erstellung eines Gottesdienstprogramms, in dem der Ablauf einschließlich aller Lieder (z.T. mit Noten) abgedruckt ist. Dabei haben wir uns bemüht, jeweils eine kleine Titelgrafik zu verwenden (die oft genug schwer zu finden war). Durch die Gottesdienstprogramme waren auch Gemeindeglieder in das Geschehen mit einbezogen, die sich sonst fremd fühlten - und auch die Kerngemeinde war nicht irritiert, wenn der normale liturgische Ablauf verändert wurde. Einige der verwendeten Titel-Grafiken sind den jeweiligen Gottesdienstentwürfen beigefügt.

Werkbuch

Wir haben in diesem Buch Familiengottesdienstentwürfe zusammengetragen, die - wie deutlich geworden ist - in einer spezifischen Gemeindesituation und Zielgruppenorientiertheit erarbeitet und entwickelt wurden. Sie haben also ihren »Sitz im Leben« in der Gemeinde, in der sie entstanden sind.
Dennoch sind wir der Meinung, daß die hier vorgestellten Modelle auch unter anderen technischen, räumlichen, personellen und situationsspezifischen Voraussetzungen übernehmbar und durchführbar sind, und zwar sowohl als Gesamtmodelle wie auch als Ideenbörse einzelner Elemente, die als »Bausteine« je verwendet werden können für einen eigenen, neuen Gottesdienst oder für einen »normalen«, agendarisch gebundenen Sonntagsgottesdienst. Wird also nicht ein Gesamtgottesdienstentwurf übernommen, so kann nach unseren Vorstellungen z.B. der Baustein »Biblische Erzählung« mit einem neuen Symbol verknüpft werden - oder der Baustein »Aktion« kann einen anderen biblischen Bezug bekommen. Gleiches gilt auch für liturgische Bausteine der einzelnen Modelle.
Von dieser Konzeption her verstehen wir dieses Buch als ein Werkbuch: als ein Buch, das Modelle anbietet, die offen sind für den eigenen kreativen Umgang, und als ein Buch, das einladen möchte sowohl zum Übernehmen und Ausprobieren wie auch zum Verändern und Neugestalten, denn in einem offenen, kreativen und manchmal »geistesblitzenden« Prozeß sind auch unsere Entwürfe entstanden, wobei nicht weniger wir von anderen Modellen, Ideen, Texten Anregungen holten und so profitiert haben.

Wir vermerken das, weil auch wir die Erfahrung gemacht haben, daß es oft schwerfällt, fremdes Gedanken- und Ideengut zu übernehmen, abzugucken. Dieses Buch als Werkbuch möchte aber gerade dazu Mut machen. Nicht zuletzt, weil wir hoffen, daß wir damit zur Zeit- und Arbeitsentlastung der Leser beitragen. Außerdem bietet das Übernehmen von Texten, Ideen, Aktionen, Meditationen die Chance, der eigenen Ortsgemeinde vielleicht einmal durch eine andere, noch nicht so vertraute und gewohnte Sprache und neue Symbole und Aktionen die biblische Botschaft nahezubringen und so neu einzuladen zur feiernden Beteiligung am Gottesdienstgeschehen.

Nun hat uns unsere Gemeinde bei der Gestaltung, Planung und Durchführung der Familiengottesdienste im Kirchenjahr durch ihre spontane Beteiligung und durch positive Reaktionen nicht nur ermutigt, sondern auch durch ihre kritischen Anmerkungen und Kommentierungen korrigierend begleitet.

Und das geschah an ganz unterschiedlichen Orten und in ganz verschiedener Weise: beim Verabschieden an der Kirchentür ebenso wie bei Hausbesuchen, in Unterrichtsgesprächen und in Gemeindekreisen, und es reichte vom aufmunternden oder irritierten Blick bis hin zu ausführlicher verbaler Kritik. Einige solch kritischer Reaktionen seien darum noch angemerkt. In einzelnen Gottesdiensten erwiesen sich die Wortteile, besonders die den aktionellen Teil rahmenden Meditationen, als zu lang, so daß trotz einer großen gemeindlichen Beteiligung am interaktionellen Geschehen des Gottesdienstes der Spannungsbogen der gemeinsamen Feier nicht immer als stringent und vor allem durchtragend erlebt wurde.

Auch die Summierung mehrerer Symbole oder verschiedener Aktionen in einem Gottesdienst, was auf Grund der sich im Laufe der Zeit herausgebildeten Gemeindetradition (z.B. Osterglocken zu Ostern, Brot und Weintrauben zum Erntedankfest) nicht immer zu vermeiden war, kann dazu führen, daß der Skopus eines Gottesdienstes nur undeutlich wahrgenommen oder aber von mehreren Erlebensebenen überlagert und so unscharf wird.

So wichtig uns für die eigene Reflexion und Planung solche und andere kritische Anmerkungen und Kommentare von seiten der Gemeinde sind, so wichtig ist es auch, sich durch sie nicht entmutigen zu lassen.

Eine Gottesdienstkonzeption, die als Bezugsgruppe die Gemeinde in ihrer Gesamtheit in den Blick nimmt und viele erreichen und mitbeteiligen will, wird damit rechnen müssen, daß die verschiedenen Gruppen, Standes- und Generationsglieder der Gemeinde auch unterschiedlich erleben, verstehen und reagieren.

Ein produktiver Umgang mit geäußerter Kritik wird deshalb nicht nur einwirken auf die Planung, Entwicklung und Durchführung von Gottesdiensten selbst, sondern auch Richtungen weisen für die Gemeindearbeit insgesamt.

Die Integration interaktioneller Elemente mit biblischem Bezug in die Gemeindearbeit über den Gottesdienst hinaus, die gemeinsame Reflexion und Kommunikation über das eigene gemeindliche Erleben u. a. m. können dazu beitragen, die Erfahrung von lebendiger und feiernder Gemeinde auch im Alltag dieser Welt zu ermöglichen, und führen vielleicht dazu, noch bestehende Grenzen zwischen den einzelnen Gruppen, zwischen Jungen und Alten, Kerngemeinde und »Randsiedlern« durchlässiger zu machen.

Wir kommen zum Schluß: Gottesdienste dürfen nicht zum Theater werden, sollten sich jedoch nicht scheuen, bewußt kreativ und lebendig Situationen zu gestalten. Gottesdienste sollten nicht zur Routine verkommen, schon gar nicht Familiengottesdienste – und doch sollten sie routiniert vorbereitet und bedacht werden; nicht gewöhnlich werden, aber doch zur guten Gewohnheit.

Familiengottesdienste können es nie allen recht machen, sie bleiben ein Wagnis. Lebendige Gemeinde aber kann sich so einen Mut zum Wagnis leisten; denn wir verkündigen nicht unsere eigene Sache, schon gar nicht uns selbst, sondern Christus – oder wir verkündigen gar nichts.

I. Zeit der Erwartung: Advent

Advent ist *die* Zeit der Familiengottesdienste. Das liegt wohl zum einen daran, daß sich die Inhalte und Haltungen des christlichen Glaubens, die diese Zeit bestimmen - also etwa Warten, Hoffen, Geduldüben, sich auf den Weg begeben - leichter als andere - etwa Auferstehung oder Geistbegabung - elementarisieren oder auch anthropologisch festmachen lassen. Hinzu kommt, daß die Zeit der Erwartung des Reiches Gottes bzw. des (Wieder-)Kommens Christi auch theologisch wesentlich unsere Situation kennzeichnet. Vielleicht ist darüber hinaus die Adventszeit - ganz abgesehen von ihrer inhaltlichen Bedeutung im Kirchenjahr - eine Zeit der besonderen Bereitschaft, sich zu besinnen und am religiösen Leben zu beteiligen. Dunkelheit und Kälte des Winters haben daran sicherlich ihren Anteil, allerdings auch die Kommerzialisierung der Advents- und Weihnachtszeit, die im Unterschied zur »Osterhasen-Zeit« die christlichen Inhalte von Advent und Weihnachten in das Geschäft voll integriert hat (Musik, Krippen usw.). Man kann dies bedauern, man kann darin aber auch echte Anknüpfungspunkte finden und Menschen einen Zugang zu den Inhalten dieser Festzeit zu eröffnen versuchen.
Wir wollten mit unseren Familiengottesdiensten im Advent die genannten zentralen Inhalte dieser Zeit zur Sprache bringen und symbolisch erlebbar machen und zugleich den Menschen in unserer Gemeinde Hilfen anbieten, die Adventszeit auch in den Familien bewußter zu gestalten. So haben wir etwa eine Liederzeitung verteilt, die außer alten und neuen Liedern Bastelanregungen, eine Besinnung und weitere Ideen zur Gestaltung der Adventszeit in den Familien anbot.
»Licht erscheint« - so haben wir den Gottesdienst genannt, in dem ein großes Transparent mit einer Stadt-Silhouette neben dem Altar stand: Die Dunkelheit der Stadt wird mit warmem Licht erleuchtet, das zu allen Menschen kommen will. Aber auch: In dieser Zeit kann unsere Wirklichkeit transparent werden für die Wirklichkeit des Kommens Jesu.
Advent ist die Zeit, in der sich Himmel und Erde nahekommen. »Eine Leiter zum Himmel« soll dies in dem zweiten Adventsgottesdienst symbolisieren.
Der Weg der Eltern Jesu nach Betlehem, unser Weg auf das Weihnachtsfest und auch auf das Reich Gottes zu sind der Hintergrund der Geschichte von Josefs Esel.
Schließlich ist die Tür ein bekanntes Symbol für die Adventszeit, allen Kindern äußerlich vertraut durch die Adventskalender. Das haben wir in einem Gottesdienst aufgenommen, in dem jeder ein »Adventshäuschen« erhalten hat.

1. Licht erscheint

Idee und Gestaltung

Die Feier des Advent in der dunklen Jahreszeit lebt stark vom Symbol des Lichtes: In den Dunkelheiten unserer Welt und unseres Lebens gibt es Grund zur Hoffnung; wir leben nicht nur in der Gegenwart, sondern zugleich auch in der Hoffnung auf Licht, Heilung, Erlösung.
Die Adventszeit selbst kann da, wo sie in Familien oder Gruppen tatsächlich gefeiert wird, Wärme, Geborgenheit, Gemeinschaft vermitteln und damit schon ein Stückchen dessen, was erhofft wird, erfahrbar machen.

Auch wenn dieser Zusammenhang vielleicht nur selten so gesehen und erlebt wird, kann ihn doch ein Gottesdienst herstellen.
Die Erzählung von den zehn Jungfrauen bezieht die Teilnehmer des Gottesdienstes in die Situation der Hoffnung und des Wartens ein, die geprägt ist von der Vorbereitung und der Vorfreude auf das kommende Fest einerseits, zugleich aber auch von der Spannung, die das bewußte Warten mit sich bringt. – Gerade die Kinder erleben diese Spannung im Warten auf das Weihnachtsfest und können ihr oft nur mit Mühe standhalten. – Die kleinen Lichter der Jungfrauen sind Vorschein des großen Lichtes, das sie erwarten, unsere Adventslichter weisen hin auf das größere Licht des Weihnachtsfestes und des Kommens Gottes.
Das zweite Element ist ein großes, aus Holz hergestelltes Transparent. Es stellt die Hochhaus-Silhouette einer (amerikanischen) Großstadt dar – Zeichen unserer Zeit. Das Transparent steht zunächst unbeleuchtet im Altarraum, wirkt kalt und tot und wird dann im Verlauf des Gottesdienstes durch Kerzen erhellt: Auch in den Dunkelheiten unserer Zeit und unseres Lebens kann Advent werden, weil auch ihnen die Verheißung des »Lichtes« gilt.

Durchführung

Eingangsmusik

Begrüßung
Ich heiße Sie und Euch alle herzlich willkommen zu diesem Gottesdienst. Wir feiern heute Advent – den 1. Advent. Wir feiern den Beginn dieser schönen Zeit der Vorbereitung auf Weihnachten, auf das Geburtsfest Jesu.
Vielleicht gelingt es uns, daß wir uns gegenseitig mit unserer Vorfreude anstecken! Advent, d. h.: Gott kommt zu uns. Laßt uns versuchen, daß wir ihm alle unsere Türen öffnen!
Laßt euch durch diesen Gottesdienst führen. Wir haben kein Programm gedruckt, sondern auf der Rückseite der Transparente findet Ihr die Lieder, die wir singen werden.

Lied: Macht hoch die Tür *(EKG 6, 1–3; GL 107)*

Eingangsworte

Psalmwort
Werdet weiter, ihr Tore,
werdet höher, ihr uralten Pforten,
daß der König einziehe, den wir ehren.

Wer ist dieser König, den ihr ehrt?

Es ist Gott, der Starke, der Mächtige,
der Gott, der den Sieg hat.

Werdet weiter, ihr Tore,
werdet höher, ihr uralten Pforten!
Der König will einziehen, dem die Ehre zukommt.

Wer ist dieser König, den ihr ehrt?

Es ist Gott, der Herr der Welt.
Ihm steht die Ehre zu, ihm, dem König! *(Ps 24, 7–10)*

Gebet

Herr, unser Gott! Im Advent erinnern wir uns daran, daß du immer wieder neu auf uns zukommst. Du bleibst nicht im fernen Himmel. Du läufst uns nicht davon. Du kommst zu uns, in unser Leben. Du suchst uns auf, da, wo wir sind:
- in unserem Glück und in unserer Schuld;
- in unserer Freude und in unserer Traurigkeit;
- in unserer Erwartung und in unserer inneren Unruhe.

Gott, wir wollen dir unsere Türen öffnen.
Komm zu uns! Amen.

Lied: Ehre sei Gott in der Höhe *(Kanon; Halleluja III,11)*

Biblische Erzählung

DIE ZEHN JUNGFRAUEN

Früh war es dunkel geworden am Abend jenes Tages – und diese Dunkelheit, sie hüllte alles ein. Da gab es keine beleuchteten Straßen und Häuser, selbst die schmale Straße, die sich durch das Dorf zog, vorbei an den kleinen geduckten Häusern, die sich nur schemenhaft von der Nacht abzeichneten, war kaum zu erkennen.

Es war so, als ob mit dem Tag auch die Menschen und die Tiere, das ganze Dorf schlafen gegangen waren. Kein Mensch war zu sehen, kein Laut zu hören. Doch da – der Schein eines kleinen schwachen Lichtes, einer kleinen Öllampe, leuchtete im Eingang eines Hauses! Und plötzlich wurden es mehr, kleine flackernde Lichter; wie Glühwürmchen sahen sie aus, lösten sich vom Eingang des Hauses, wanderten die Straße entlang durch das Dorf. Zehn waren es. Und wenn wir nähertreten, dann können wir es sehen: Menschen, junge Frauen sind es, die diese kleinen Öllämpchen tragen und bei ihrem Schein durch die Nacht gehen.

Jetzt bleiben sie stehen, sie sprechen miteinander, man kann es hören: »Meint ihr wirklich, daß er noch kommt, jetzt, wo es schon Nacht geworden ist? Meint ihr

wirklich, das Warten lohnt noch?« fragt zweifelnd eine aus der Gruppe. »Doch«, erwidert eine andere Frau, schaut prüfend ihre Lampe an und auf den vor ihr liegenden Weg. »Doch, die Hochzeit, auf die wir warten, zu der wir eingeladen sind, die wird stattfinden. Er wird kommen, der Bräutigam, auf dieser Straße, um im Dorf seine Braut abzuholen und das Hochzeitsfest zu feiern. Und wir werden mitfeiern dürfen; doch, der Bräutigam kommt. Seht doch, unsere Lichter: Sehen sie nicht schön aus im Dunkel der Nacht, wie ein Vorschein auf das Hochzeitsfest. Und seht den Weg, ist es nicht schön, wenn er kommt und Menschen sind da, die warten, die ihn begleiten auf dem Weg zum Fest?« Einige aus der Gruppe der Frauen stimmen zu, andere widersprechen. Warten müssen sie, aushalten die Zeit und ihre Vorfreude, damit sie nicht zerbricht; vorbereiten sich selbst und ihre Lichter, diese kleinen Ölflämmchen am Brennen halten. Das fällt schwer.
Und die eine sagt: »Ich halte das nicht mehr aus. Ich gebe auf. Ich mache es mir so schön, für mich allein in der Wohnung.« Ihr Herz wurde leer, und ihr Licht verlosch.
Eine andere meint: »Warum diese ganze Vorbereitung, wenn es noch so lange dauert? Warum diese Spannung aushalten und warten? Ich geh nach Hause, ich werde schon rechtzeitig aufwachen, das Fest nicht verpassen.« So wurde auch ihr Herz leer, und ihr Licht verlosch.
Einer dritten Frau aus der Gruppe der Wartenden fällt plötzlich ein, daß sie sich eigentlich nur von den anderen zum Mitgehen hatte überreden lassen. Von Festen hat sie noch nie viel gehalten. »Warum auf ein Fest warten, im Alltag gibt es genug zu tun. Nein, das Warten und Vorbereiten auf das Fest, es lohnt sich nicht. Man vergeudet nur kostbare Zeit und Kraft.« Auch sie kehrte um – und so wurde ihr Herz leer, und ihr Licht verlosch.
»Ich habe einen Vorschlag«, meint da eine vierte: »Warum auf ein Fest warten, von dem man doch nicht weiß, ob es kommt und ob es hält, was es verspricht. Bei Freunden von mir wird heute abend auch ein Fest gefeiert. Da brauchen wir nicht warten, sondern bekommen gleich alles. Das ist zwar keine Hochzeit, aber immerhin, Essen und Trinken, Tanz und Stimmung – das gibt es da auch. Da geh ich hin!« Und so verließ auch sie die Gruppe der Wartenden – ihr Herz wurde leer, und ihr Licht verlosch.
Und eine fünfte Frau – sie war eigentlich schon die ganze Zeit die unruhigste von allen gewesen. Jetzt überlegte sie laut, ob sie auch alles richtig vorbereitet hat. »Sollte ich nicht doch besser das andere Kleid anziehen? Ob mein Geschenk wohl ausreicht?« Hektisch war sie und rastlos – und über allem wurde sie innerlich leer, und ihr Licht verlosch.
So waren es nur noch fünf Lichter, die in die Dunkelheit leuchteten, ruhig und mit warmem Schein; schön anzusehen, wie ein Vorschein des kommenden Festes. Diese fünf Frauen warteten noch, gingen den Weg weiter, hielten fest an der Vorfreude – ohne Zweifel und ohne Hast.

Und da war plötzlich der Ruf. Er setzte sich fort durch das Dorf, und überall waren plötzlich Menschen, die riefen: Er kommt doch, er ist auf dem Weg ins Dorf, der Bräutigam holt seine Braut ab, das Fest beginnt! Und die fünf Frauen, die sich vorbereitet hatten und gewartet und ausgeharrt, in Vorfreude und Gelassenheit, die das Licht ihrer Hoffnung auf das kommende Fest nicht hatten verlöschen lassen, sie konnten jetzt dem Bräutigam entgegengehen, ihn auf seinem Weg zum Haus der Braut begleiten und mit ihnen die Hochzeit feiern.
Die anderen aber, deren Hoffnung versiegt, deren Vorfreude erloschen, denen das Warten zu teuer war, die sich in der Unruhe der Vorbereitung verloren hatten, sie hatten das Fest verpaßt; ja vielleicht hatten sie noch nicht einmal bemerkt, daß es angefangen hatte.
Und der, der diese Geschichte erzählte, er war an jenem Abend im Dorf zu Besuch; ein Mensch wie wir und doch mehr; einer, auf den viele schon so sehnsüchtig gewartet hatten, ein Zeichen Gottes, ein neuer Anfang, ein Fest, das anfängt und nie aufhören wird, das Fest des Lebens. Und das Licht der Öllampe, die auf dem Tisch stand, fiel auf die Gesichter derer, die ihm zuhörten. Männer, Frauen und Kinder – ja auch Kinder. Es waren Menschen, die im Alltag, im Einerlei der Tage schon untergegangen waren, die alles genossen und wenig mehr erwarteten, die alles sofort haben wollten und sich an nichts mehr richtig freuen konnten; Menschen, die satt waren und den Hunger auf das große Fest verloren hatten.
Und es waren da Menschen, die trotz allem noch Sehnsucht hatten, Sehnsucht auf das Fest, wo sich alle miteinander freuen und gemeinsam feiern dürfen, bei dem keiner einsam oder traurig bleibt, wo alle beschenkt werden und keiner mehr aufrechnet, wo das Lachen das Weinen besiegt und das Leben ganz da ist.
Und wir, die wir diese Geschichte heute hören, wir sind Kinder und Erwachsene, Familien im Advent. Auch wir sind bedroht von Hoffnungslosigkeit und innerer Leere, von der Gefahr, in den Anforderungen des Alltags unterzugehen, von dem Wunsch, alles zu besitzen, und der bitteren Erkenntnis, doch nichts damit gewonnen zu haben.
Wir hören diese Geschichte, und sie möchte zu uns sprechen: daß wir das Warten wieder neu lernen und: in der Vorfreude zu leben; daß das Fest, auf das wir warten, uns jetzt schon prägen kann: mit seiner Fröhlichkeit, seiner Wärme, seiner Liebe und seinem Frieden; daß wir gespannt bleiben, wann uns Gott begegnet.
So laßt uns warten und im Warten stark werden, in der gelassenen Vorbereitung und gespannten Vorfreude.
Laßt uns Sorge tragen, daß unser Licht nicht verlöscht und unsere Herzen nicht leer werden, damit wir das Fest, das wir erwarten, auch wirklich erleben und daran teilnehmen können; Weihnachten dieses Jahr und noch viel mehr, das große Fest Gottes, an dem alle teilnehmen dürfen – auch die, die heute noch keinen Grund zur Freude und zum Feiern haben; auf dem alle satt werden – auch die, die heute noch hungern nach Nahrung und Gerechtigkeit.

Das Fest Gottes, das unser Leben verwandelt.
Es beginnt heute und in dieser Zeit, im Warten und Vorbereiten, im Schein unserer Lichter, im Bereiten des Weges.
Denn mit dem Fest Gottes ist es wie mit zehn Jungfrauen, die ihre Lampen nehmen und dem Bräutigam entgegengehen.
Fünf von ihnen sind töricht – sie halten im Vorbereiten und Warten nicht stand.
Fünf von ihnen sind klug. Sie hoffen und warten. Sie leben die Zeit der Vorbereitung, halten das Licht am Brennen.
Sie erleben das Fest.

Lied: Wie soll ich dich empfangen *(EKG 10)*

Glaubensbekenntnis

Lied: Fürchte dich nicht *(tvd B 126)*

Meditation I
Liebe Gemeinde des Familiengottesdienstes!
Wenn ich manchmal abends von längerer Fahrt zurück nach Bottrop komme, wenn ich vom Emscherschnellweg über die Essener Straße nach Hause komme, dann sehe ich immer wieder diese Silhouette der Hochhäuser an der Essener Straße, da wo einige von meinen Katechumenen und Konfirmanden wohnen, der André, die Melanie, der Christian und die Petra ... Wenn ich dann all die leuchtenden Fenster sehe – dann denke ich oft: Was ist wohl jetzt bei euch für eine Stimmung? Ist es gemütlich zu Hause – oder langweilig; habt ihr gerade Spaß – oder Streit miteinander; unterhaltet ihr euch gerade – oder schreit ihr euch an ... unzählig viele Fenster – hinter jedem Fenster irgendwie Leben – unser ganz normales Leben. Und doch, so aus der Ferne betrachtet, sieht das gleichzeitig gemütlich – und unheimlich aus. In irgendeinem dieser Fenster ist jeder von uns zu Hause. Und doch, manchmal sind wir uns fremd. Die vielen Fenster, hohe Häuser – sie sind das Markenzeichen unserer Zeit. So leben wir heute. Und wenn Jesus heute nach Bottrop hereinkommen würde – so wie damals nach Jerusalem –, dann käme auch er sicherlich vom Emscherschnellweg her und ganz bestimmt zuerst an euren Hochhäusern in der Essener Straße vorbei. Auch er sähe, wenn er jetzt zu uns käme, all unsere Fenster, erleuchtet oder dunkel, bewohnt oder unbewohnt, gemütlich oder kalt, heiter oder verbittert.
Hinter jedem Fenster – ein anderes Leben. Immer aber unser Leben.

Meditative Musik

Meditation II

Manchmal habe ich den Eindruck, wir selber sind wie solche Hochhäuser. Wie hier auf unserem Transparent ...

Wir selber, wie ein Hochhaus – mit sehr vielen Zimmern und versteckten Ecken, mit erleuchteten und mit ganz dunklen und unheimlichen Räumen, mit viel Gemütlichkeit, Wärme und Vertrauen – aber auch manchmal ganz grelles, kaltes Licht.

Auf diesem Transparent sind ganz viele Häuser, sehr verschiedene. So verschieden – wie wir selber. Manchmal sind Fenster geöffnet, sichtbar und erleuchtet, manchmal sind alle Fenster dunkel und verschlossen.

Diese Stadt – unser Leben – unsere Welt, in die Jesus einziehen will. Advent. Ob wir es wirklich Advent werden lassen in unseren Häusern? Ob wir wirklich Licht in unsere Häuser kommen lassen? Lassen Sie uns hier damit anfangen.

Lied: Wir sagen euch an den lieben Advent *(GL 115, 1)*

Aktion

Ich möchte jetzt alle Kinder einladen, hier vorn kleine Kerzen anzuzünden und sie hinter unser Transparent zu stellen. Das Licht des Advent – es soll durchscheinen durch unser Leben, durch unsere Häuser.

Meditation III

Jetzt leuchtet unser Transparent – jetzt leuchtet die Welt, in die Jesus Christus einziehen will. Sie sehen es vielleicht – unser Leben, unsere Welt ist umgrenzt von der Krippe – dort links am Transparent – und dem Kreuz;

der Geburt Jesu, auf die wir uns hier im Advent vorbereiten möchten,

und dem Kreuz – Zeichen für Tod und Auferstehung. Erkennen Sie sich noch wieder?

Vielleicht haben Sie sich gefühlt wie eines dieser hohen, aber doch kalten und ungemütlichen Häuser. Und plötzlich – kaum haben wir den Mut gehabt, ein Licht anzuzünden – langsam wird unsere Welt erfüllt von vielen Lichtern – offene Fenster, durchscheinen lassen, welches Licht Christus in unser Leben gebracht hat.

Advent – das ist wie ein großes Transparent: das Licht Jesu in unser Leben hineinscheinen lassen, uns öffnen wie Fenster großer und fremder und kalter Häuser – und plötzlich durchschaubar werden – nicht undurchdringlich – offen, nicht verschlossen und abweisend – warm und voller Vertrauen.

Advent geschieht hier mitten unter uns, in unseren Hochhäusern und Herzen – oder er geschieht nirgendwo.

Sie können gern auch zu Hause ein solches Transparent anfertigen, wie wir es hier in der Kirche haben. Sie brauchen nur die Pappe an den hellen Stellen auf-

schneiden – und dann steht auch bei ihnen ein Zeichen unseres gemeinsamen Advent.
So leben wir – zwischen Krippe und Kreuz – zwischen Geburt, Ankunft Gottes und Begrenztheit des Todes und Unbegrenztheit des ewigen Lebens.

Lied: Tochter Zion *(EKG 402; alternativ: Kündet allen in der Not, GL 106)*

Fürbittengebet
Gott! Am Ende dieses Gottesdienstes denken wir an alle Menschen in unserer Gemeinde, die krank oder einsam oder traurig sind. Hilf ihnen, daß auch sie etwas von dem Adventslicht mitbekommen und wieder neuen Mut zum Leben finden.
Wir denken an alle Kinder auf der Welt, die in diesen Wochen des Advent hungern müssen. Hilf uns, daß wir sie in all unserer Vorfreude und bei all unserem Wünschen und Schenken nicht vergessen.
Wir denken an alle Menschen, die in Streit miteinander leben, an alle Völker, die sich mit Waffen bedrohen. Laß uns in diesem Advent etwas für den Frieden tun, hier unter uns und zwischen den Völkern.
Gott! Vielleicht können ja auch *wir* selbst so etwas wie ein Adventslicht sein für Menschen, die im Dunkeln leben: da, wo wir jemanden besuchen und trösten, da, wo wir von unserem Reichtum etwas abgeben, da, wo wir Frieden schaffen.

Lied: Vater unser *(tvd B 48; Halleluja III,22)*

Segen

Musik zum Ausgang

Technik und Vorbereitung

Die Herstellung des Transparents, das wir verwendet haben, war verhältnismäßig aufwendig: Zwei ältere Jugendliche mit handwerklichem Geschick haben einige Tage daran gebastelt. Je nach örtlichen Gegebenheiten kann das Transparent kleiner sein; vielleicht ergeben sich an anderen Orten auch andere Motive.
Der Mittelteil unseres Transparents hat die Maße 220 × 150 cm, die beiden Seitenteile jeweils 80 × 150 cm; das Holz hat eine Dicke von 1,6 cm. – Zunächst wurde ein Dia (Hochhaus-Silhouette) auf das Holz projiziert, so daß die Umrisse auf das Holz übertragen werden konnten. Einzelne Teile wurden nun herausgesägt; als Fenster der Hochhäuser wurden an vielen Stellen einfach Löcher mit einer Bohr-

maschine gebohrt. Hinter die offenen Stellen wurde buntes Transparent-Papier geklebt. – Auf den beiden Seitenteilen wurden Krippe bzw. Kreuz in einfachen Formen aufgezeichnet. – Die beiden Seitenteile wurden dann mit starken Scharnieren an dem großen Mittelteil befestigt, so daß das Transparent selbständig stehen kann; evtl. kann man zur weiteren Stabilisierung noch eine Latte einsetzen, die die beiden Seitenteile miteinander verbindet, wenn diese auseinandergeklappt sind. – Das Transparent stand im Gottesdienst im Altarraum; hinter ihm waren Bretter in unterschiedlicher Höhe versetzt zueinander auf Kartons gelegt; auf diese Bretter wurden dann die Teelichter gestellt und das Transparent so erleuchtet.
Bei der Kerzenaktion empfiehlt es sich, einige ältere Jugendliche oder Erwachsene als Helfer einzusetzen.
Statt eines ausgeführten Programms haben die Gottesdienstteilnehmer am Eingang ein Blatt Halbpappe (DIN A4) bekommen, auf dessen Vorderseite eine Hochhaus-Silhouette – ähnlich dem Transparent – und die beiden Symbole der Seitenteile (Krippe und Kreuz) abgebildet waren; auf der Rückseite waren die Texte der Lieder des Gottesdienstes abgedruckt. Dieses Blatt konnte geknickt und zu Hause aufgestellt oder auch teilweise ausgeschnitten und als Transparent verwendet werden.

2. Eine Leiter zum Himmel

Idee und Gestaltung

Neben den vertrauten Motiven und Symbolen des Advent (Licht, Ankunft, Einzug in Jerusalem usw.) soll in diesem Gottesdienst der Grundgedanke von Advent in einem Motiv verdeutlicht werden, das wir aus dem Alten Testament kennen: Jakobs Traum und die Himmelsleiter. Gott kommt in diese Welt. Advent verstehen wir als die Hoffnung, daß sich Himmel und Erde verbinden.
Gott ist der Grund unserer Hoffnung. Unsere Wünsche und Hoffnungen sind Stufen dieser Leiter zum Himmel. Dieser Grundgedanke soll im Aktionsteil ausgestaltet werden. Die Himmelsleiter, eine einfache Strickleiter, ist adventlich mit Tannengrün geschmückt. Auf jedem Platz im Kirchenschiff kleben gelbe Papiersterne. Im Verlauf des Gottesdienstes schreiben die Gottesdienstbesucher ihre Hoffnungen und Wünsche auf diese Sterne. Später dann werden die Sterne an die Himmelsleiter geklebt. Während die Strickleiter, die von Kindern in den Mittelgang der Kirche getragen und dann mit den Sternen geschmückt wird, langsam vor dem Altarraum hochgezogen wird, werden einzelne Aufschriften der Sterne laut vorgelesen. Grundgedanken, die hier auftauchen, werden im Fürbittengebet am Schluß des Gottesdienstes wieder aufgenommen. Ergänzt wird der Aktionsteil durch eine frei nacherzählte biblische Geschichte im Eingangsteil des Gottesdienstes und durch eine Meditation am Schluß des Aktionsteils, die das tragende Motiv – die Himmelsleiter – zum Inhalt hat.
Die Lesung zu Jeremia entspricht wohl kaum den adventlichen Erwartungen der Gottesdienstbesucher. Weder ist sie bekannt, noch klingt in ihr die individuelle Advents- und Weihnachtsstimmung an. Sie bringt politische Hoffnungen und Verheißungen zur Sprache: weise Regierung, Recht, Gerechtigkeit, Ende von Unterdrückung und Vertreibung, Leben in Sicherheit. In einem Familiengottesdienst müßten diese Hoffnungen und Verheißungen umgesetzt werden in eine Geschichte, die von Kindern mitvollzogen werden kann und in der auch die Erwachsenen sich selbst entdecken. Das fällt bei der Komplexität der Aussagen schwer. Wir haben versucht, den Inhalt über die Person des Jeremia zu transportieren. In seiner Situation soll sich ein Stück unserer Situation spiegeln. Und so sollen seine Verheißungen unsere Hoffnungen wecken.

Durchführung

Vor dem Gottesdienst müssen die Sterne auf allen Plätzen (Gesangbuch-Ablage) angeklebt sein. Es handelt sich um gelbe Papiersterne, die der Kirche zusätzlich ein festliches Aussehen geben. Außerdem muß in kleineren Kästen für jeden Gottesdienstbesucher ein Bleistift bereitliegen. Die Himmelsleiter verbleibt anfangs im Vorraum der Kirche. Für die Kinder, die später die Himmelsleiter hereintragen werden, müssen Kerzen vorbereitet sein (mindestens 50 Kerzen, die unten mit einer Serviette umwickelt sind – als Tropfenschutz).

Eingangsmusik

Begrüßung

Eingangsworte

Gebet
Herr, unser Gott,
wir feiern Advent.
Wir warten auf dein Licht,
denn wir sind von Dunkelheit umgeben.
Wir warten auf deine Ankunft bei uns Menschen,
Herr, auf dein Reich.
Wir warten und hoffen darauf, daß sich etwas ändert
an uns und unserer Welt.
Wir sehnen uns nach Leben, nach einem Leben,
das es wirklich verdient, Leben genannt zu werden.
Wir sehnen uns nach einem Leben,
in dem Menschen nicht mehr einander in Angst,
mit Mißtrauen oder Haß begegnen.
Wir sehnen uns danach, daß Frieden wird auf dieser Erde,
Frieden in den Familien, zwischen den Generationen,
zwischen Völkern und Rassen.
Wir bitten dich, Gott,
laß unsere Träume nicht vergeblich bleiben.
Wir bitten dich,
laß unsere Hoffnungen Wirklichkeit werden.
Verbinde du, was für uns getrennt ist,
Hoffnung und Wirklichkeit,
Himmel und Erde.
Herr, unser Gott,
laß es Advent werden. Amen.

Chorgesang

Lesung
Jes 40,1–5.9–11

Lied: Der Himmel geht über allen auf *(tvd B 61)*

Biblische Erzählung
MIRJAM BEGEGNET DEM NEUEN KÖNIG
Zu der Zeit, als Jesus durch das galiläische Land zog, von der Liebe Gottes zu allen Menschen sprach und selbst lebte, was wir mit dem Wort »Liebe« meinen, zu dieser Zeit also lebte in Jerusalem ein Mädchen namens Mirjam. Mirjam – das war damals ein ganz gewöhnlicher Name für ein jüdisches Mädchen. Und Mirjam war auch ein ganz normales Mädchen, so wie viele Kinder damals, so wie viele Kinder heute. Sie hatte zwei Geschwister, die waren jünger und auf die sollte Mirjam immer etwas mitaufpassen. Aber natürlich hatte Mirjam nicht immer Lust dazu, manchmal machte sie sich auch einfach davon, lief durch die engen Gassen, schaute, wo es etwas Interessantes gab.
Auch der Tag, von dem ich euch erzählen will, also auch dieser Tag hatte für Mirjam ganz normal begonnen. Vormittags war sie für zwei Stunden in der Schule gewesen – denn auch damals mußten Kinder schon Lesen und Schreiben lernen, aber sie hatten noch keine Schulbücher, sondern sie lernten mit der Thora, das sind die Heiligen Schriften des jüdischen Volkes. Jedenfalls war Mirjam nach der Schule nach Hause zum Essen gegangen, in die kleine Hütte am Osttor der Stadt Jerusalem, wo sie mit ihren Eltern und Geschwistern in zwei Räumen wohnte. Wohlhabend waren ihre Eltern nicht gerade. Mirjams Vater hatte im Geschäftsviertel eine kleine Schuhmacherei, mit der er seine Familie einigermaßen ernähren konnte.
An diesem Tag wollte Mirjam nach dem Essen sich nicht hinlegen, sie wollte raus, raus in die Stadt, auf die Gassen. Irgendwie lag etwas in der Luft, Mirjam wußte selbst nicht genau, wieso und warum, aber sie spürte: Heute passiert etwas Besonderes. Und als sie die Straßen herunterlief, merkte sie: Heute war es anders als sonst, Gruppen von Menschen standen in den Gassen und diskutierten erregt miteinander. Von überall kamen Menschen, und plötzlich setzte sich alles in Bewegung, Richtung Osttor der Stadt. Mirjam mitten drin – sie mußte aufpassen, daß sie nicht eingeklemmt wurde zwischen all den Erwachsenen. Und da hörte sie einen Mann weit vorne rufen: »Er kommt, er ist da!« Plötzlich fingen einige Menschen an, Zweige von den Bäumen abzubrechen und auf die Straße zu legen, ja einige zogen sogar ihre Jacken aus und breiteten sie auf der Straße aus. Mirjam verstand gar nicht, was los war, warum dies alles geschah. Da setzte sich mit einem Mal durch die große Menschenmenge ein Ruf fort: Der König kommt, Jesus,

unser Retter ist da! Immer wieder riefen sie das, manche waren richtig begeistert. »Der König kommt«, dachte Mirjam, »da muß ich unbedingt dabei sein, den muß ich unbedingt sehen«, und sie drängelte sich weiter nach vorne, um etwas sehen zu können. Sie ahnte, wie das ist, wenn ein König einzieht: Vorne vorweg kommen Boten, dann Posaunen, dann eine goldene Staatskarosse mit ganz vielen Pferden davor. Und in der Karosse der König mit einer großen goldenen Krone auf dem Kopf.

Der Jubel wurde immer stärker. Mirjam machte sich ganz klein und dünn und tatsächlich, sie schaffte es, jetzt stand sie ganz vorne in der ersten Reihe und konnte ihn kommen sehen, den König – ja, aber kein König in einer großen Staatskarosse war zu sehen, nur ein einfach gekleideter Mann auf einem Esel ritt an den Menschen vorbei, staubbedeckt, unauffällig. Das sollte der König sein? Aber er mußte es wohl sein. Denn alle jubelten ihm zu und riefen: »Gepriesen sei der König! Gepriesen sei, der von Gott kommt!« – So soll also der König aussehen? Mirjam war ganz durcheinander. Aber wenigstens nahheran kam man an diesen König. Man konnte den Esel, auf dem der Mann ritt, streicheln, sein Fell war weich und warm. Wie es einem geht, wenn die Erwartungen ganz anders sind als das, was nachher wirklich passiert – Mirjam wußte nicht so recht, was sie von allem halten sollte, sie rannte nach Hause und erzählte ihren Eltern, was sie erlebt hat: Die jubelnden schreienden Menschen, daß sie ganz vorne gestanden hat, daß der König gar nicht hoch oben auf der Karosse thronte, sondern auf einem Esel ritt. Ein König, der nicht auf hohem Roß reitet, sondern ganz nahe bei den Menschen ist, ein König, vor dem man keine Angst zu haben braucht, weil er ein Mensch unter Menschen ist. – Mirjam mußte noch darüber nachdenken, als sie am Abend neben ihren Geschwistern auf einer Strohmatte lag. Nur eine kleine Öllampe brachte noch etwas flackerndes Licht in das Dunkel des Raumes, in dem auch die Eltern saßen. »Vater«, sagte Mirjam und drehte sich zu ihm um, »sag mal, wird nun alles anders?«

Lied: Jubilate Deo *(Kanon)*

Aktion

Jetzt brauche ich etwa 20 bis 30 Kinder, die mir helfen wollen. Während wir jetzt etwas hereinholen, wird der Chor singen.

(Mit den Kindern zum Ausgang:

– *Kerzen verteilen und anstecken;*

– *Strickleiter entrollen.*

Einzug, wenn die Orgel beginnt:

– *Einzug der Kinder mit brennenden Kerzen und mit der Strickleiter, die in den Mittelgang gelegt wird;*

– *Die Kinder bleiben neben der Strickleiter stehen.)*

Da liegt jetzt eine Strickleiter im Mittelgang der Kirche. Die Kinder haben sie hereingetragen. Und diese Strickleiter ist geschmückt. Wie der Weg Jesu, als er in Jerusalem einzog. Wir haben ja die Geschichte gehört, wie Jesus da nach Jerusalem kommt. Die Leute freuen sich auf ihn, sie haben seinen Weg geschmückt. Er aber kommt nicht wie ein großer Herrscher mit einer prächtigen Kutsche, sondern auf einem kleinen Esel. Er kommt unscheinbar zu uns, vielleicht wie eines dieser Kinder, das mit seiner Kerze jetzt im Mittelgang der Kirche steht. Die Leiter, die zwischen uns ausgebreitet ist, sie soll ein Zeichen sein. Diese Leiter könnte eine Hängebrücke sein. Kinder kennen solche Hängebrücken aus vielen spannenden Geschichten. Auch diese Hängebrücke kann eine tiefe Kluft überwinden: die Kluft zwischen uns Menschen und Gott. Wie oft sehen wir nur die tiefe Kluft, die sich zwischen Gott und uns auftut. Wie selten aber sehen wir die Brücke, die Jesus für uns beschritten hat. Wie oft meinen wir: Gott ist unerreichbar fern. Wie oft werden wir gleichgültig gegenüber Gott, der uns so unendlich fern ist. Diese Brücke aber, sie ist ein Weg.
Wir wollen dieser Brücke zu Gott, die mitten unter uns beginnt, wir wollen den Sprossen dieser Brücke Namen geben:
- Wenn vor uns der Weg zu Gott liegt, wo stehen wir jetzt?
- Wo geht unser Weg hin?
- Wo endet dieser Weg? Haben wir ein Ziel?

Gottes Weg hat einen Namen: Gerechtigkeit, Sehnsucht nach Gerechtigkeit.
Wir wollen dieser Brücke zu Gott Namen geben. Ich bitte Sie herzlich, Ihre Wünsche, Ihre Hoffnungen, Ihre Sehnsucht nach Gerechtigkeit, Ihr Warten auf Gott - all das, was uns jetzt bewegt - auf die Sterne zu schreiben, die vor ihnen auf der Kirchenbank angebracht sind.
Und wenn Sie Ihrem Stern einen Namen gegeben haben, wenn Sie ihn mit einem Wort, mit einem Wunsch, mit einer Hoffnung beschriftet haben, dann kleben Sie Ihren Stern bitte an diese Brücke, die mitten unter uns beginnt.

Assoziationshilfen
Wie werden unsere Sterne heißen?
Was sind meine Hoffnungen?
- Weniger Angst vielleicht? oder: ein bißchen mehr Ruhe?
- Weniger Streit zu Hause vielleicht? oder: mehr Gerechtigkeit für die Armen?

Oder: Herr Gott, laß uns den Menschen helfen, die durch ein unbeschreibliches Erdbeben obdachlos geworden sind, ihre liebsten Mitmenschen verloren haben, ohne Hoffnung sind.

Wie werden unsere Sterne heißen?
Was sind meine Hoffnungen?
- Achtung der Menschenrechte vielleicht? oder: ein bißchen mehr Verständnis von meinen Eltern?

– Hoffnung auf Frieden vielleicht? Frieden im Krieg zwischen Irak und Iran? Frieden mitten unter uns.
Oder: Hoffnung auf Gerechtigkeit, das ist Gottes Weg: mehr Gerechtigkeit zwischen Armen und Reichen; mehr Gerechtigkeit zwischen Älteren und Jüngeren; mehr Gerechtigkeit auch in unserem Land.

Wie werden unsere Sterne heißen?
Was sind meine Hoffnungen?
– Sehnsucht vielleicht, einen Menschen zu finden, dem ich wirklich vertrauen kann; oder die Sehnsucht: endlich ein Ziel zu finden, für das sich lohnt zu leben?
Oder: Sehnsucht nach Gottes Liebe, nach Menschen, die mich wirklich liebhaben, mich auch einmal umarmen, eine herzliche Geste, ein kleines Zeichen des Verstehens.

Lied: Ich möchte gerne Brücken bauen *(Halleluja 83)*

Wenn wir jetzt das Lied singen, dann wollen wir dabei an die Sterne denken, die wir beschrieben haben; an die Brücke denken, die jetzt Namen trägt.
(Leiter festbinden) (Vorspiel)
– Vers 1 –
dann: einzelne Sterne vorlesen
– Vers 2 –
dann: Sterne vorlesen
– Vers 3 –
dann: Sterne vorlesen
– Vers 4 –
dann: Sterne vorlesen
– Vers 5 –
dann:
Jetzt ist aus dieser Hängebrücke, die die dunkle Kluft zwischen Gott und uns Menschen überbrücken will, aus dieser Hängebrücke ist jetzt eine Leiter geworden. Die Fantasie der Kinder und die Weisheit des Alten Testaments haben dafür einen Namen gefunden: die Himmelsleiter.
Als Jakob unterwegs war, unterwegs in seinem Leben, unterwegs in einer menschenleeren und trostlosen Wüste, da hatte er einen Traum: Er sah eine Leiter, die mitten unter uns begann und hinaufreichte bis in den Himmel, bis hinauf zu Gott. Oberhalb der Leiter, da stand Gott und sprach zu Jakob, spricht zu uns allen:
Ich bin der Herr, dein Gott. Das Land, in dem du bist, soll gesegnet sein für dich und für alle deine Nachkommen. Siehe, ich bin mit dir, wo immer du sein wirst. Ich will dich behüten. Ich kenne deine Sehnsucht, deine Hoffnung, deine Wün-

sche. – Jakob sah diese Leiter, und als er aufwachte aus seinem unbeschreiblich schönen Traum, da baute er an der Stelle, wo er die Leiter Gottes gesehen hatte, einen Altar. Er nannte den Ort: Betel: Gottes Haus. So, wie unsere Kirche Gottes Haus ist.
An dieser Himmelsleiter hängt unsere Sehnsucht, hängen unsere Hoffnungen, Wünsche. Sie sind die wirklichen Sprossen der Leiter hin zu Gott.
Wir bitten: Gott, laß uns zusammenkommen. Dann fängt wirklich die Adventszeit an: deine Ankunft mitten unter uns.

Lied: O Heiland, reiß die Himmel auf *(EKG 5; GL 105)*

Fürbittengebet
Herr, unser Vater im Himmel,
unsere Hoffnungen und Wünsche,
unsere Sehnsucht –
sie sind wie Sprossen dieser Leiter.
Darum bringen wir jetzt unsere Bitten zu Dir:
Ich bin alt geworden und einsam.
Herr, schenke mir Menschen, die mich einmal besuchen.
Ich bin acht Jahre alt.
Bitte, Gott, laß den Streit
bei meinen Eltern aufhören.
Lieber Gott, meine Eltern verstehen sich nicht mehr.
Ich möchte gerne meinen Papi wiedersehen.
Lieber Gott, in der Adventszeit möchte ich gern,
daß unsere Familie auch mal gemütlich um einen
Adventskranz sitzen kann und Lieder singt.
Herr, ich mache mir Sorgen um die Zukunft.
Überall Gewalt, überall Waffen. Ich bitte Dich:
Mach der Gewalt ein Ende.
Gott, ich habe Angst vor dieser Adventszeit,
mein Mann fehlt mir so.
Herr, unser Gott, Vater im Himmel,
unsere Hoffnungen und Wünsche,
unsere Sehnsucht –
sie sind wie Sprossen dieser Leiter.
Wir fassen sie zusammen im Gebet,
das Jesus uns mit auf den Weg gegeben hat ...

Vater unser

Segen

Lied: Tochter Zion *(EKG 402)*
oder: **Wachet auf, ruft uns die Stimme** *(EKG 121, 1-3; GL 110, 1-3)*

Intrade des Posaunenchores

Technik und Vorbereitung

Die Himmelsleiter: Sie sollte etwa 10 Meter lang sein, je nach Gegebenheiten des Kirchenraumes. Wir haben einfache Kanthölzer (Breite 40 cm) verwendet (ca. 60 Hölzer), sie an beiden Seiten durchgebohrt, um ein stabiles Seil durchzuziehen. Jeweils unter dem Brett wird das Seil verknotet. Das Seil hat vorn eine Schlaufe, um die Leiter später mit einem Haken hochziehen zu können. Dafür haben wir übrigens die Vorrichtung verwendet, die sonst für den Adventskranz im Altarraum vorgesehen war. Das Seil der Himmelsleiter wird mit Tannengrün geschmückt.
Die Sterne bestehen aus grell-gelbem Schreibmaschinenpapier. Die Grundflächen lassen sich leicht mit einer Schneidemaschine zuschneiden. Wir haben vierzackige Sterne verwendet und diese dann mit Tesafilm auf die Bänke geklebt. So können die Sterne mit dem gleichen Klebestreifen auch später an die Sprossen der Leiter angeklebt werden.
Im Altarraum muß in jedem Fall unter der Decke eine Vorrichtung vorbereitet sein, um die Strickleiter hochziehen zu können.
Damit beim Hereintragen der langen Strickleiter durch Kinder keine »Verwicklungen« passieren, muß die Strickleiter sehr sorgfältig im Vorraum der Kirche ausgelegt werden. Erwachsene Helfer müssen bereitstehen, um die Strickleiter zu entfalten und die Kinder an beiden Seiten aufzustellen. Anstelle der ursprünglich vorgesehenen 20 Kinder meldeten sich im Gottesdienst noch weitere 30 Kinder, die unbedingt mithelfen wollten. Darauf muß man vorbereitet sein (entsprechende Anzahl der Kerzen vorrätig haben). Die Kerzen sollten, wenn es die Räumlichkeiten erlauben, im Kirchenvorraum angezündet und erst dort den Kindern gegeben werden – unmittelbar, bevor sie mit der Leiter in das Kirchenschiff einziehen. Nach dem Einzug sollten die Kerzen bald wieder gelöscht werden. Es muß damit gerechnet werden, daß sich einzelne Sterne beim Heraufziehen der Leiter lösen und herunterschweben. Darum ist Vorsicht und Sorgfalt nötig bei der Vorbereitung (Tesaband ruhig etwas länger).

Kommentar

Ziel des Familiengottesdienstes war es – ausgehend von Jer 23, 5–8 –, den Kern dieser Perikope umzudefinieren: nicht allein Erwartung von Weihnachten, sondern Hoffnung auf das Kommen des Reiches Gottes – mitten unter uns, so wie die Leiter als Symbol mitten unter uns aufgerichtet wird, verknüpft mit unseren Hoffnungen an Gott und verbunden mit der Verkündigung Gottes an uns. Es hat sich gezeigt, daß das Symbol ausgesprochen »tragfähig« ist. Selbst dort, wo nicht alle theologisch gemeinten Implikationen hängengeblieben sind, ist doch die Grundaussage haftengeblieben. Da der Symbolteil in der Erinnerung nahezu den gesamten Eindruck bestimmt, scheint es sinnvoll, eine erzählende Predigt dem Aktionsteil voranzustellen. Möglich ist aber auch, erst nach dem Symbolteil eine erzählende Predigt zu halten, die sich dann unmittelbar auf die Geschichte von Jakobs Traum beziehen sollte. Dabei muß man jedoch berücksichtigen, daß mit Abschluß des Symbolteils – zumal bei diesem Umfang – die Spannung abbricht und kaum noch Hörbereitschaft (bei den Kindern vor allem) erwartet werden kann. Mit einem knappen Meditationsteil ist das leichter aufzufangen.

3. Auf dem Weg

Idee und Gestaltung

Ziel dieses Gottesdienstes war es, die Familien einzustimmen auf die Adventszeit, sie einzuladen, neben allen äußeren Weihnachtsvorbereitungen sich auch innerlich »auf den Weg zu machen«. – Damit verbunden werden sollte ein Taufgedenken für die Kinder, die vor 5 Jahren getauft worden sind, um ihnen ein Bewußtsein ihres eigenen Getauft-Seins zu vermitteln und den Anlaß für einen neuen Zugang zur Gemeinde (besonders zum Kindergottesdienst) zu bieten; außerdem fand die Taufe von 3 Kindern statt. – Aus dieser Fülle von Intentionen ergibt sich, daß mit weiteren Elementen sparsam umgegangen werden mußte, also: keine Aktion aller Gottesdienstteilnehmer; Beschränkung auf die ausführliche Geschichte des Weges nach Betlehem aus der Sicht des Esels von Maria und Josef (selbstgebastelte Handpuppe aus Stoff). So stehen in dem Gottesdienst zwei Teile (Geschichte, Taufgedenken mit Taufe) nebeneinander und sind doch durch das Wegmotiv miteinander und mit der Adventszeit verbunden.

Durchführung

Während die Gemeinde die neueren Lieder einübt, werden die Kinder, die vor 5 Jahren getauft wurden, in einem Nebenraum empfangen. Jedes Kind erhält einen Kranz aus weißem Krepp-Papier; Kindergottesdienstmitarbeiter helfen dabei. Während des musikalischen Vorspiels ziehen die Kinder mit Helfern und Pastoren durch die Kirche zum Altarraum. Die Kinder setzen sich in die ersten Bänke.

Musikalisches Vorspiel

Begrüßung
Ich begrüße Euch und Sie alle herzlich zu diesem Familiengottesdienst. Besonders begrüße ich Euch, die Ihr vor etwa 5 Jahren in dieser Kirche getauft worden seid.

Ihr werdet heute nun wieder drei Taufen miterleben. Ein herzliches Willkommen gilt auch den Familien, deren Kinder heute getauft werden.
1. Advent: Heute beginnt die Zeit der Vorbereitung und der Vorfreude auf Weihnachten. Das ist wie ein Weg, dessen Ziel das Geburtsfest Jesu ist, Weihnachten. Ob es uns gelingt, daß auch wir uns innerlich auf diesen Weg machen?

Lied: Wie soll ich dich empfangen *(EKG 10, 1.2.4)*

Eingangsworte

Lesung
Jes 40,1.2a.3–5

Gebet
Gott, wir sind auf dem Weg. Mancher geht ziellos, die meisten von uns gehen jetzt auf Weihnachten zu. Manche laufen und hasten, wollen noch viel schaffen. Manche gehen mit Scheuklappen, sehen nicht rechts und links, gehen nur ganz eilig durch den Advent. Damit nur ja Weihnachten schön wird. Und wenn wir ankommen, sind wir am Ende nur noch erschöpft.
Wir bitten dich, Herr, halte uns fern von falschen Wegen und bewahre uns vor Abgründen!
Wir singen: Kyrie eleison ...
Wir bitten dich, Herr, schenke uns Zeit im Advent; diese Zeit, dieser Weg auf Weihnachten zu – er kann so schön werden.
Wir singen: Kyrie eleison ...
Wir bitten dich, Herr, laß uns selber schon im Advent Freude finden und die Wege gehen, auf denen wir anderen Menschen Freude bringen können.
Wir singen: Kyrie eleison ...
Wenn wir uns auf Gottes Wege einlassen, dann bekommen wir neue Kraft, als schwebten wir wie ein Adler; daß wir Wege entdecken und nicht matt werden, daß wir wandern und nicht müde werden (Jes 40,31).

Lied: Ehre sei Gott in der Höhe *(Halleluja III, 11; ggf. als Kanon)*

Biblische Erzählung
DIE GESCHICHTE VON EINEM, DER SICH AUF DEN WEG MACHTE
(Lichter werden gelöscht; nur der Esel ist beleuchtet und bewegt sich entsprechend der Erzählung)
Wir haben einen Gast hier unter uns. Einen, der uns in unserer Kirche noch nicht besucht hat. Könnt ihr euch denken, wer das ist, heute, am 1. Advent? Er hat etwas mit Weihnachten zu tun. – Aber bevor für ihn Weihnachten wurde, da gab es erst mal noch 'ne Menge zu erledigen! Könnt ihr euch denken, wer das ist? – – –

(Der Esel schaut vorsichtig um die Ecken ...)
Guten Morgen! Ja, ja, ich bin es gewöhnt, daß man über mich lacht. Das ist nicht das erste Mal heute: Meine langen Ohren, meine große Schnauze ... Muß wohl komisch aussehen. Auch mein Fell ist ja nichts Besonderes: grau, alles grau. Und dann meine Stimme: Wenn ich so richtig schreie ... Aber ich tu das hier lieber nicht.
Ja, ich bin der Esel von Josef, dem Zimmermann aus Nazaret, und seiner Frau Maria. Überall, wo ich erscheine, da lachen die Leute erst einmal. Wenn sie mich überhaupt zur Kenntnis nehmen. Manche tun auch einfach so, als ob sie mich gar nicht sehen, und laufen mit hoch erhobener Nase an mir vorbei. Oder es ist, als ob sie durch mich hindurchgucken. Das macht mich dann immer sehr traurig, und ich würde mich am liebsten in den Erdboden verkriechen.
Andere sagen auch, ich sei störrisch und dumm oder sogar faul und wollte meine Arbeit nicht tun. Ehrlich gesagt: Manchmal haben sie auch nicht so ganz Unrecht. Wißt ihr, wie das ist, wenn ich mal störrisch bin? Dann ist der Josef meist ganz verzweifelt. Erst streichelt er mich und redet mir gut zu. Ich rühr mich nicht. – Dann schlägt er mich auch schon mal. Das tut er nicht oft, aber manchmal passiert's. Dann rühr ich mich erst recht nicht. – Dann zieht er mich an den Ohren. Hilft alles nichts. Wenn ich nicht will, dann will ich nicht.
Vielleicht bin ich störrisch. Aber dumm? Nein. Wenn die wüßten, was in mir steckt und was ich so alles mitbekomme und schon erlebt habe ...
Die, die es gut mit mir meinen, die wissen: Wir Esel sind schon immer das Lasttier der kleinen Leute gewesen. Ja, heute habt ihr Lastautos. Da paßt viel drauf. Aber die gab es damals noch nicht. Und einen Pferdekarren konnte sich nicht jeder leisten. So hatten die kleinen Leute eben einen Esel.
Und die wissen, was sie an uns haben. Die schätzen unsere Ausdauer, auch dann, wenn die Wege sehr steil und schwierig sind. Die wissen, daß wir nicht so schnell schlapp machen und aufgeben. Habt ihr das schon mal gemacht: voll bepackt den Berg hinauf?
Schritt vor Schritt vor Schritt vor Schritt *(evtl. mit Klatschen).*
Bergab geht es dann leichter: trab, trab, trab, trab ... *(schnell klatschen).*
Ich will euch erzählen, wie es mir ergangen ist, als ich mich einmal mit kleinen Leuten auf den Weg machte ...
Lange schon ist es her. Damals lebte ich bei Josef, dem Zimmermann, und seiner Frau. Das war in der kleinen Stadt Nazaret. Es gefiel mir gut dort. Wir gehörten nicht zu den Reichen, aber wir hatten unser Auskommen: Jeden Tag ein Bund Heu und etwas frisches Stroh, dafür reichte es meistens. Aber ich mußte auch hart arbeiten dafür: Aus dem Wald holten wir die gefällten Bäume in die Werkstatt, das war ein Zerren und Ziehen, ein Schleppen und Keuchen. Und wenn es mir zuviel wurde, dann legte ich mich auf den Boden – und da bekam mich keiner weg. Josef streichelte mich und schlug mich, er zog mich an den Ohren – es half nichts.

Manchmal ging er dann ganz ärgerlich nach Hause. Und ich trottete ihm in sicherer Entfernung hinterher. Man muß doch auch mal zeigen, daß man wer ist, oder? – Wenn dann die Bretter und Dachbalken fertig waren, mußte ich sie zur Baustelle schleppen. Naja, ich will nicht wieder klagen. Eigentlich arbeitete ich nämlich gern für Josef und Maria.

Eines Morgens, mir saß noch die Anstrengung des letzten Tages in den Knochen – eines Morgens also, noch vor Sonnenaufgang, wurde ich geweckt: »Komm, Grauer, wach auf, wir müssen los!« – Ich tat so, als ob ich träumte, und legte meinen Kopf auf die andere Seite. »Komm, Grauer, auf, auf, es wird Zeit. Wir müssen uns auf den Weg machen!«

Nein, ich will nicht. Mal sehen, wer heute den längeren Atem hat ... Josef schleppte Taschen und Körbe herbei. Mir schwante nichts Gutes. Das war wohl alles für mich gedacht? Ich drückte mich in die hinterste Ecke des Stalles. Auch Maria kam, mit einem Bündel Heu und einem Eimer Wasser. Und als sie mir das hinstellte, konnte ich nicht mehr widerstehen. Naja, man muß auch mal verlieren können.

Ich reckte mich und streckte mich, gähnte noch einmal kräftig und wackelte mit meinen langen Ohren. Und dann lud Josef auf: Immer kam noch etwas dazu. Immer schwerer wurde es. Es war, wie wenn ich in den Erdboden einsinken müßte. Mir schwankten richtig die Knie. – Könnt ihr euch vorstellen, wie das ist, wenn man so richtig schwer beladen wird? »Was haben die nur vor?« dachte ich immer wieder.

Doch nun ging's los. Hinaus aus der Stadt auf die dunklen Felder. Hier war die Straße noch gepflastert, da ließ es sich leicht laufen: trab, trab, trab, trab ... *(Klatschen).* Aber bald schon bog Josef auf einen schmalen Weg und führte uns mitten durch den Wald. Er kannte sich hier aus. Aber mir war es sehr unheimlich, im Halbdunkel des Morgens. Überall sah ich Schatten, hinter jedem Busch konnte jemand auf uns lauern ... Ich glaube, der Maria ging es ähnlich.

Wir kamen nicht schnell vorwärts. Maria konnte nur langsam gehen. Und Josef, mein Herr, war sehr besorgt um sie. Immer wieder half er ihr und stützte sie.

Ich war lustlos und blieb oft stehen. Warum mußte das sein, so früh am Morgen, nach einem harten Tag? – Ich spürte jeden Stein auf dem schlechten Weg. Die Lasten drückten schwer. Es ging bergauf: Schritt vor Schritt, vor Schritt, vor Schritt, vor Schritt. Und dann ging es wieder bergab, so daß ich kaum bremsen konnte: trab, trab ...

Josef hatte Mühe, mich vorwärtszutreiben. Ihr kennt das jetzt ja: Ich blieb dann einfach stehen. Keinen Schritt mehr ging es weiter. Josef redete mir zu, er streichelte mich, er zerrte mich ... Es half alles nichts, bis ich wieder weiter wollte. Ich machte meinem Namen alle Ehre! Doch je weiter wir kamen, desto stärker spürte ich: Dies war keine normale Wanderung, dies war kein Alltag. Da stand etwas Besonderes bevor. Ich kannte ja Josef und Maria. Irgendwie waren sie voller

Spannung und Erwartung. Ich schaute sie immer wieder an. Trotz all der Anstrengungen war es, wie wenn sie voller Freude wären. – Ich machte meine Ohren so lang, wie es irgend ging, ich lauschte auf ihre Gespräche und hielt mich nah bei ihnen. Und ich habe dann zugehört, wie sie miteinander sprachen: Sie erwarteten ein Kind. Lange sollte es nicht mehr dauern. Und wenn ich richtig verstanden habe, dann sprach Maria von einem Engel Gottes, der ihr begegnet sei und gesagt habe: Ein Geschenk Gottes wird dein Kind sein. Gott hat etwas mit ihm vor. Alle Welt wird sich darüber freuen.
Ehrlich gesagt: Ich begriff nicht so ganz, was das bedeutete. Dafür war mein Eselsverstand dann doch zu klein. Aber irgendwie wurde mir die Last, über die ich eben noch so gestöhnt hatte, jetzt leichter. Auch die Steine auf den Wegen spürte ich nicht mehr so. Trab, trab, trab, trab – so ging es immer vorwärts. Es war mir, als ob ich auf ein großes Wunder zuginge. Und ich spürte, wie ich dazugehörte: Ich, der störrische, dumme Esel mit den langen Ohren und dem langweiligen Fell – ich war wichtig. Und obwohl die Tage kürzer wurden – auf unserem Weg wurde es immer heller.
Ich merkte: Maria wurde der Weg schwer. Immer häufiger mußten wir eine Pause machen, immer langsamer wurden die Schritte. – Da gab ich mir einen Ruck: Ich stupste sie mit der Nase an. »Komm, setz dich auf meinen Rücken, dann wird dir der Weg leichter«, wollte ich sagen. Aber sie verstand es nicht und stieß mich zur Seite. Noch einmal versuchte ich es und ließ nicht nach, bis sie merkte, was ich wollte. Nun saß sie auf meinem Rücken. Die Last war schwer. Aber ich war auch ein wenig stolz, daß ich Maria tragen durfte, mit dem Kind – ich, der langweilige, störrische, dumme Esel.
Ein seltsamer Weg war das: So unwillig und störrisch, wie ich ihn begonnen hatte, jetzt freute ich mich und war voll gespannter Erwartung. – Und die Last auf meinem Rücken? Ich hab sie eigentlich gern getragen, jetzt, wo ich spürte, wohin es ging . . .
(Wie es weiterging, das erfahrt Ihr Weihnachten. Jetzt kommt erst einmal mit auf den Weg nach Betlehem und laßt uns gemeinsam singen: »Macht hoch die Tür . . .«.)

Lied: Macht hoch die Tür *(EKG 6, 1.3.5; GL 107, 1.3.5)*

Aktion I
Unter uns sitzen 24 Kinder, die freuen sich schon seit einigen Tagen auf diesen 1. Advent. Mit euch feiern wir die Erinnerung an eure Taufe. Denn vor fünf Jahren seid ihr alle hier getauft worden.
Eure Eltern werden sich noch ganz genau erinnern. Ganz klein wart ihr. Ihr wurdet getragen. Eure Paten waren mit dabei. Vielleicht haben sie euch schon einmal erzählt, wie es damals war.

Fünf Jahre liegt das jetzt also zurück: Viele Wege seid ihr schon gegangen; Freundinnen habt ihr kennengelernt und Freunde; vielleicht habt ihr eine Gruppe im Kindergarten; die Schulzeit steht euch bald bevor.
Ja, ihr geht inzwischen eure eigenen Wege. Vor fünf Jahren wurdet ihr getauft, und heute sollt ihr erleben, wie das damals bei eurer Taufe gewesen ist.
Liebe Eltern! Eigenartig, die wichtigsten Schritte in der Erziehung dieser Kinder liegen nun hinter Ihnen. Sie spüren, wie Ihre Kinder immer selbständiger werden. Es sind keine kleinen Kinder mehr. Sie gehen immer häufiger eigene Wege, und Sie können sie immer weniger behüten. Sie können nicht jedes Unheil mehr von ihnen abwenden - aber Sie können immer noch trösten und haben Ihre Kinder sehr lieb. Mit der Taufe hat damals ein Weg angefangen: Unsere Kinder sollen in den christlichen Glauben hineinwachsen, sollen Vertrauen zu Gott erfahren, sollen in unserer Gemeinschaft gute Erfahrungen machen. Glauben erfahren, das heißt: Zutrauen gewinnen und sich zusammen freuen können. Zu dieser Freude unseres Glaubens gehört das Fest dieses Tages.
Ihr Kinder seid vor fünf Jahren getauft worden. Daran wollen wir jetzt ganz besonders denken. Und ihr sollt uns allen zeigen, was Taufe bedeutet: Wir bekommen unser Leben von Gott geschenkt. - Darum kommt jetzt einzeln nach vorne und entzündet eure Kerze am Licht unseres Adventskranzes - damit deutlich wird: Das Licht unseres Lebens ist das Licht, das Jesus in unsere Welt gebracht hat.
(Die Namen der einzelnen Kinder werden genannt. 4 Mitarbeiter helfen beim Anzünden der Kerzen. Die Kinder stellen sich in einen großen Kreis in den Altarraum - um das Taufbecken herum.)

Lied: Fürchte dich nicht *(tvd B 126)*

Aktion II

Wie schnell vergehen fünf Jahre! Jetzt steht ihr alle hier im Kreis mit euren leuchtenden Kerzen. Vor fünf Jahren wart ihr kleine Kinder, die noch nicht sprechen, noch nicht laufen konnten. Und jetzt seid ihr mitten unter uns ein fröhlicher, ein lebendiger Teil unserer Gemeinde. Ihr sollt jetzt erleben, wie das bei euch angefangen hat, damals mit der Taufe. Zur Taufe gehört eine Geschichte. Wir nennen sie das Kinderevangelium:
Es kamen Eltern mit ihren Kindern zu Jesus. Die Jünger Jesu, seine Freunde, die schickten die Kinder fort: Kinder haben hier nichts zu suchen. Kinder stören. Ihr seid zu laut. Laßt Jesus in Ruhe. - Als Jesus das sah, wurde er ärgerlich und sagte zu seinen Jüngern: Laßt die Kinder zu mir kommen. Schickt sie bloß nicht weg. Denn diesen Kindern gehört das Reich Gottes. - Und zu den Erwachsenen sagte er: Wer das Reich Gottes nicht annimmt wie diese Kinder, der wird es nie erfahren. Und dann nahm er die Kinder in den Arm, streichelte sie, legte ihnen die Hand auf und segnete sie. *(nach Mk 10)*

Gott liebt gerade die Kinder. Sie sind für ihn ganz wichtig. Das Wasser, mit dem wir die Kinder taufen, und diese Worte aus der Bibel sind ein Zeichen für die Liebe Gottes. Und für uns Eltern heißt das: Wir erhalten diese Kinder aus Gottes Hand. Nicht wir haben Macht über diese Kinder, sondern Gott bestimmt unsere Wege. Die Kinder sind nicht unser Besitz, sondern Geschenk Gottes. Wir sollen in Gottes Auftrag euch Kindern helfen, Vertrauen zum Leben zu finden.
Darum lade ich jetzt die Familien ein, deren Kinder getauft werden. Bitte, kommen Sie hier in den Altarraum, zum Taufbecken, in den Kreis der Kinder, in den Kreis unserer Gemeinde.

Lied: Wir sagen euch an den lieben Advent *(GL 115,1)*

Tauffrage – Eltern und Paten: Tauf-Versprechen

Glaubensbekenntnis

Taufe
Vielleicht habt ihr Kinder, die ihr vor fünf Jahren hier getauft wurdet, einen Wunsch für diese kleinen Babys. Was wollen wir diesen Kindern für ihren Lebensweg wünschen?
(Mit Mikrofon herumgehen . . .)
Unsere gemeinsamen Wünsche wollen wir mit dem Tauflied ausdrücken, das wir jetzt singen . . .

Lied: Kind, du bist uns anvertraut
Kind, du bist uns anvertraut.
Wozu werden wir dich bringen?
Wenn du deine Wege gehst,
wessen Lieder wirst du singen?
Welche Worte wirst du sagen
und an welches Ziel dich wagen?

Kampf und Krieg zerreißt die Welt,
einer drückt den andern nieder.
Dabei zählen Macht und Geld,
Klugheit und gesunde Glieder.
Mut und Freiheit, das sind Gaben,
die wir bitter nötig haben.

Freunde wollen wir dir sein,
sollst des Friedens Brücken bauen.
Denke nicht, du stehst allein;
kannst der Macht der Liebe trauen.
Taufen dich in Jesu Namen.
Er ist unsre Hoffnung. Amen.

Familiensegen

Gott segne euch Eltern! Er hat euch diese Kinder anvertraut. Er helfe euch, daß ihr ihnen die Wege zum Glauben öffnet, damit sie die Liebe Gottes und die Herzlichkeit seiner Gemeinschaft erfahren. – Gott segne euch Paten! Er hat euch in die Verantwortung für diese Kinder hineingenommen. Er helfe euch, eure Aufgabe zu erfüllen. – Gott segne uns als Gemeinde! Er hat uns zu einer festen Gemeinschaft verbunden. Er helfe uns, auf sein Wort zu vertrauen und nach seinem Willen zu leben: Gott zu lieben und den Nächsten wie uns selbst. – Gott segne euch Kinder, die ihr vor fünf Jahren getauft wurdet. Er begleite euch auf den Wegen, die jetzt vor euch liegen. Er lädt euch ein in die Gemeinschaft, zu der ihr in unserer Gemeinde gehört; daß wir miteinander leben, uns aufeinander verlassen, uns gegenseitig helfen und so Gottes Liebe zu uns allen erfahren.

(Die Taufgedenk-Kinder erhalten je eine Karte mit Innenbild der Kirche und Einladung zum Kindergottesdienst).

Fürbittengebet

Gott, unser Herr! Wir danken dir für alle Begleitung und Ermutigung, die wir bisher erfahren haben. Wir bitten dich: Begleite uns auch durch diese beginnende Adventszeit. – Sei du ein Freund und Weggefährte der Kinder, die wir in diesem Gottesdienst getauft haben. Laß sie Frieden und Glück erleben. Hilf ihnen, daß sie immer Menschen finden, denen sie vertrauen können. – Begleite du auch all die Kinder, die sich heute an ihre eigene Taufe vor fünf Jahren erinnert haben, durch die nächsten Jahre ihres Lebens. Laß sie im Vertrauen auf deine Liebe ihren Weg finden und mutig gehen. – Wir bitten dich für alle Einsamen und Kranken in unserer Gemeinde, daß auch sie etwas spüren von der Erwartung und der Vorfreude auf Weihnachten. – Wir bitten dich für alle, die mit militärischer Macht umgehen, daß der Friede von Weihnachten, auf den wir zugehen, auch sie erreicht und bewegt. – Wir bitten dich für alle Familien und für uns selbst, daß wir trotz aller Hektik und aller Lasten der Vorweihnachtszeit der Freude Raum und Zeit geben können und uns so auf den Weg machen – auf das Geburtsfest Jesu zu.

Vater unser

Lied: Komm, Herr, segne uns *(tvd B 84)*

Segen

Macht euch auf den Weg!

Geht mit dem Segen Gottes und gebt ihn weiter – an die Menschen, die euch begegnen: Der Herr segne euch . . .

Lied: Tochter Zion *(EKG 402)*

Technik und Vorbereitung

Es wurde ein Einladungsbrief an die Kinder verschickt, die vor fünf Jahren getauft wurden, und an ihre Eltern, mit der Bitte um Rücksendung der Anmeldekarten, um einen ungefähren Überblick über die Beteiligung zu bekommen. – Kleine Kränze aus Krepp-Papier wurden für diese Kinder geflochten, Gedenkkarten mit einem Innenbild der Kirche und einer Einladung zum Kindergottesdienst wurden vorbereitet. – Außerdem müssen Haushaltskerzen vorhanden sein, da jedes »Taufgedenk-Kind« eine solche Kerze erhält (Tropfschutz aus Pappe oder Papierserviette nicht vergessen!). Da während der Erzählung des Esels die Kirche dunkel ist, muß ein Punktstrahler o. ä. vorhanden sein, der den Esel beleuchtet. – Der Eselskopf wurde aus grauem Filzstoff (2 Teile) zusammengenäht und mit Wolle gefüllt, so daß man – wie bei einer Kasper-Puppe – durch den offenen Hals leicht hineingreifen und den Kopf bewegen kann (Größe: ca. 50 × 25 cm). Die Ohren wurden nachträglich aufgenäht. Mähne und Augen wurden mit schwarzem Perlonfaden aufgenäht (Herstellungsdauer des Esels: ca. 3 Stunden). – Für das Gottesdienstprogramm wurde als Bildmotiv die Kopie des liegenden Esels aus dem Bilderbuch von Kees de Kort: Jesus ist geboren (verkleinerte Sonderausgabe) verwendet. – Als Mitarbeiter wirkten bei Vorbereitung und Durchführung des Gottesdienstes mit: Posaunenchor, Kirchenchor, Kantor, Flötengruppe, Kindergottesdiensthelferkreis (beim Taufgedenken), zwei Pastoren.

Kommentar

Obwohl Adventsgeschichte und Taufgedenken nicht notwendig aneinander gebunden sind, ließ sich die Aufmerksamkeit der Gemeinde durch den Gottesdienst hindurch halten: Die Geschichte fesselte vor allem die Kinder, das Taufgedenken und die Kindertaufe waren für alle anschaulich; die bekränzten Kinder mit den brennenden Kerzen um das Taufbecken herum gaben ein eindrucksvolles Bild ab. – Die Gesamtdauer des Gottesdienstes (70 Minuten) war trotzdem zu lang. Die Geschichte könnte man am Anfang kürzen. – Wer auf das Taufgedenken verzichten will, kann statt dessen eine Wegmeditation einsetzen, die sich vor allem an die Erwachsenen richtet.
Wir haben die Geschichte vom Esel am Heiligen Abend wieder aufgenommen, weil wir schon während der Adventszeit von Kindern und Erwachsenen angesprochen wurden, »wie es denn nun weiterginge«. Als der Esel dann und dort wieder auftauchte, waren die Kinder sofort wieder bei der Sache (vgl. Seite 63–68).
(Eine Variation findet sich bei Georg Kugler/Herbert Lindner, Neue Familiengottesdienste, Bd. 3, Gütersloh 1979, 107.)

4. Macht hoch die Tür!

Idee und Gestaltung

Das Öffnen von Türen gehört zu den bekanntesten Interpretationsmustern und Motiven des Advent. War im Urchristentum noch die eschatologische Deutung dieses Motivs vorherrschend (Eintritt in den Festsaal des Reiches Gottes), so trat in späterer Zeit der Gedanke der persönlichen Vorbereitung, der Erwartung des Kommens Jesu in das Leben des einzelnen hinzu. Die Türen des Herzens zu öffnen, das war Teil der Vorbereitungs- und Fastenzeit im Advent.
Dieser Zusammenhang wird heute nur noch den wenigsten Gemeindegliedern bewußt sein. Immerhin finden wir noch in fast jedem Haushalt mit Kindern einen Adventskalender. Mit jeder Tür, die die Kinder öffnen, kommen sie Weihnachten näher. So verbinden sich gespannte Erwartung und Vorfreude. Und wenn überhaupt noch ein Adventslied sich weiterer Verbreitung erfreut, dann das Lied »Macht hoch die Tür«. In diesem von der persönlichen Frömmigkeit des beginnenden 17. Jahrhunderts geprägten Lied wird unter Aufnahme von Psalm 24,7 in einfacher, bildreicher Sprache der Sinn des Advent als eigene Vorbereitung auf Jesu Kommen ausgelegt.
Auf diesem Hintergrund soll versucht werden, das Öffnen von Türen als Sinn der Adventszeit zu entfalten. Das kann – so unsere Überlegung – nur gelingen, wenn wir neben allen Vorbereitungen auf Weihnachten uns selbst öffnen und bereit sind, verschlossene Türen zwischen Menschen wie auch zwischen uns und Gott aufzuschließen. In diesem Sinn bedürfen die Erwartung Gottes und sein Kommen unserer aktiven Teilnahme.
Eine vierteilige Diameditation versucht, die Gottesdienstteilnehmer für die verschlossenen Türen in verschiedensten Lebensbereichen zu sensibilisieren und ihnen Mut zu machen, sie in der bevorstehenden Adventszeit neu zu öffnen. In einer kurzen Ansprache wird Jesus als der Mensch Gottes interpretiert, der in seinem Leben, Sterben und in seiner Auferstehung die verschlossenen Türen zwischen Gott und Menschen sowie den Menschen untereinander geöffnet hat.
Die aktive Beteiligung der Gottesdienstbesucher konzentriert sich auf die Formulierung von Taufwünschen für die zu taufenden Kinder. Sie stehen unter der Überschrift »Öffnet die Türen des Lebens«. In ihnen drücken sich die Hoffnun-

Adventshäuschen ausschneiden und hier miteinander
kante zusammenkleben!
1
A. D.
Machet die Tore weit
und die Türen in der Welt hoch!
9
7
FAMILIEN-
GOTTESDIENST
ADVENT 1979
MARTINSKIRCHE
9
Klebekante!

gen und Wünsche aus, die die Gemeindeglieder für das Leben dieser Kinder haben.
Auch das Gottesdienstprogramm nimmt das Bildmotiv des Türenöffnens auf. Es ist gedruckt auf der Rückseite eines Adventshäuschens, das von den Kindern später ausgeschnitten und zusammengeklebt werden kann und so ihre Adventszeit begleitet.

Durchführung

Musikalisches Vorspiel

Begrüßung
Seien Sie alle, Kinder und Erwachsene, junge und alte Menschen, herzlich begrüßt zu diesem Gottesdienst am Anfang der Adventszeit.
Advent - das ist eine Zeit der Erwartung und Vorfreude auf ein großes Fest.
Advent - das ist eine Zeit, in der Dunkles immer heller wird, in der immer mehr Kerzen ihr warmes Licht verbreiten.
Advent - das ist eine Zeit, in der sich Türen öffnen, die Türen des Adventskalenders, die Türen zu anderen Menschen und auch unsere inneren Türen.
Lassen Sie uns versuchen, heute, am Anfang der Adventszeit, etwas davon zu erfahren und diese Erfahrung mitzunehmen in die kommenden drei Wochen, in denen wir uns innerlich und äußerlich auf das Weihnachtsfest vorbereiten. Lassen Sie uns in unsere Gedanken auch all die mit einbeziehen, die heute gern mit uns zusammen wären, aber nicht dabei sein können:
- die kranken und alten Menschen,
- die, die heute arbeiten müssen,
- und die Gruppe unserer Gemeinde, die mit Schibilskys zu einem Stillen Wochenende nach Bethel gefahren ist, bei dem es auch darum geht, innere Türen zu öffnen.

Die Kollekte, die wir während des Liedes einsammeln, ist für die Arbeit in unserer Gemeinde bestimmt, die Kollekte am Ausgang wird an Brot für die Welt weitergeleitet zur Unterstützung verschiedener Projekte in Indien. Dort ist z. B. durch private Initiative in einem Vorort von Kalkutta eine Schule gegründet worden, die gut arbeitet und nun staatlich anerkannt und ausgebaut werden soll. Mit unserer Kollekte unterstützen wir die Eigenleistung der Bevölkerung.

Lied: Macht hoch die Tür *(EKG 6; GL 107)*

Eingangsworte

Psalmwort

Machet die Tore weit und die Türen in der Welt hoch,
daß der König der Ehren einziehe!
Freut euch alle, die ihr auf ihn wartet.
Euer König kommt, ein Gerechter und ein Helfer,
arm und reitet auf einem Esel,
ein einfacher Esel ist sein Reittier.
Er stiftet Frieden unter den Völkern,
seine Herrschaft erstreckt sich, soweit die Erde reicht! *(Ps 24, 7f.)*

Gebet

Herr, wir bitten dich, nimm du uns so an, wie wir jetzt sind: mit all dem, was uns bedrückt und hinter uns liegt, mit dem, was wir für die kommenden Wochen hoffen und planen, mit unserer Vorfreude und Erwartung.
Herr, sei du uns nahe, wenn wir den Advent feiern, singen und beten, hören und sehen, wie du kommst und alle Türen öffnen willst.
Herr, laß bei uns Advent werden, daß du zu uns kommst; laß uns zueinander finden – heute und in den Wochen, die vor uns liegen. Amen.

Meditative Musik

Diameditation

1

Zufrieden schaut sie aus, diese alte Dame in ihrem bequemen, gemütlichen Lehnstuhl, in ihrem kleinen Zimmer mit den gemütlichen Möbeln, an denen die Erinnerung hängt, die Vergangenheit, die lange Geschichte des Lebens. Ein schöner Strauß steht auf dem Tisch, die Tochter war kurz da, sie hat ihn mitgebracht. Durch das Fenster scheint das Licht der Nachmittagssonne, warm, schwächer werdend. Es könnte meine Großmutter sein, vielleicht etwas jünger. Sie wohnt auch in so einer kleinen Wohnung für sich allein. Manchmal denke ich an sie, hoffe, daß es ihr gutgeht, selten besuche ich sie einmal. Mir fehlt die Zeit dafür – ehrlich gesagt, ich verdränge es manchmal auch.
Es geht ihr doch gut – oder? Ich weiß es gar nicht genau. Warum schaut sie mich so fragend an, suchend, wartend. Die Zeit wird lang, wenn man allein ist und wenig mehr unternehmen kann. Man übt sich im Aushalten der Einsamkeit und wartet doch. Hofft, daß es schellt an der Tür und sie sich öffnet, daß da jemand kommt, einfach so, zu Besuch, zum Spielen und zum Unterhalten. Die Tür – sie ist zu, und das Warten fällt schwer. Es wäre schön, wenn die Tür sich öffnen würde.
Herr, mach die Tore weit und die Türen in der Welt hoch, damit wir zu kommen bereit sind zu denen, die allein sind und warten auf einen, der Zeit mitbringt und Freude. Hilf uns in dieser Zeit, *die* Türen zu sehen, die wir öffnen können.

2

Die Türen zur großen weiten Welt, zu ihren Abenteuern und ihrer Spannung, zu alldem, was passiert und uns in Bann schlagen kann – diese Tür läßt sich ganz leicht öffnen. Wir brauchen nur den Knopf drücken, der Fernseher öffnet uns die Tür zur großen weiten Welt – jeden Tag, jeden Tag neu. Jetzt in der Adventszeit und Weihnachtszeit noch mehr, noch interessanter und abwechslungsreicher, das sind die Fernsehleute uns wohl schuldig!

Gebannt sind die Kinder, das merkt man. Was sie verbindet, ist der gemeinsame Blick nach vorn, zum Fernsehen. Meine Schwester, mein Bruder, sie liegen neben mir auf dem Teppich, ganz nahe und doch – weit weg – was geht in ihnen vor, was denken sie? Ich weiß es nicht. Drüben sitzen meine Eltern – ich glaube, sie sind ganz froh, daß sie mal Zeit für sich haben. Mein Vater ist von der Arbeit wohl wieder ziemlich kaputt. Er will seine Ruhe haben. Bin ich das? Ist das meine Familie, ist das unser Zusammenleben? Die Türen zur weiten Welt sind geöffnet, die Türen zueinander – oft geschlossen. Eigentlich ist es schön, zusammenzuleben. Es wäre schön, einmal zusammen etwas zu machen, zu spüren, daß wir zusammengehören. Gemeinsam lachen und miteinander reden, zusammen spielen und feiern. Wir könnten Advent feiern – wie macht man das eigentlich?

Herr, mach die Tore weit und die Türen in der Welt hoch, daß wir das, was in der Welt geschieht, aufnehmen, aber auch unserer eigenen Familie uns öffnen. Hilf uns, Gemeinsamkeit und Gemeinschaft zu finden in unserer Familie, damit wir uns aneinander freuen, wenn wir feiern und spielen, reden und nachdenklich sind.

3

Es hat Streit gegeben – man hat es gehört, die lauten Stimmen, die Vorwürfe, dann das Schlagen zufallender Türen. Jetzt ist es ruhig – Stille – aber das ist fast noch schlimmer. Die Tür des Zueinander ist zu. Ich spüre es richtig, wie meine Eltern sich aus dem Weg gehen. Der eine die Hand aufgestützt, in sich gekehrt, grübelnd. Die Frau, auf Abstand, Distanz. Sie schaut in die Weite, die Leere. Bloß nicht dem Mann in die Augen schauen. Jeder in der Familie fühlt es. Das Tor, durch das wir zueinander kommen und aufeinander zugehen können, es ist geschlossen. Kaum ein Weg, gedrückte Stimmung. Keiner von uns fühlt sich wohl dabei. Aber soll ich den ersten Schritt tun und mich dem anderen öffnen? Ich würde gerne sagen, daß es so nicht gemeint war. Aber es fiele mir leichter, wenn der andere mir entgegenkäme und anfinge.

Bin ich denn dafür verantwortlich, daß diese Wochen schön werden, getragen von der Vorfreude auf Weihnachten? Eigentlich ist es schade, wenn diese Zeit vorübergeht wie der Alltag des Jahres. Wir könnten doch etwas aus diesen Wochen machen. Aber wie kann sich etwas Besonderes ereignen, wenn ich nicht bereit bin, mich aus dem Streit zu lösen, zu öffnen für den anderen, damit er zu mir kommen kann. Vielleicht sollte ich es einfach versuchen.

Herr, mach die Tore weit und die Türen in der Welt offen, daß aller Streit weicht und wir wieder zueinander kommen können. Du kommst zu uns im Wort des Verstehens und Vergebens. Öffne uns für die Sehnsucht nach dem Frieden, für die Suche nach der Gemeinschaft, für den Weg zum anderen hin.

4

Früh wird es dunkel in diesen Wochen. Viel zu schnell sind die Tage vorbei. Soviel ist zu tun. Soviel muß noch erledigt werden. Jedes Jahr das gleiche im Dezember, diese Hektik, derselbe Streß. Im Büro jagen sich die Termine, alle Kunden wollen unbedingt noch beliefert werden. In den Schulen müssen unbedingt noch fünf Arbeiten geschrieben werden, damit wir nicht soweit zurückbleiben.

Nach Arbeitsschluß schnell noch einkaufen, noch sind die Türen offen, zu besorgen, was wir zum Vorbereiten brauchen, Geschenke für die ganze große Familie, Bastelmaterialien für die Kinder, Briefpapier, weil wir uns doch vorgenommen haben, diesmal allen zu schreiben. Aber wo gibt es denn noch welches mit Weihnachtsaufdrucken? Die glitzernde Weihnachtsbeleuchtung zeigt uns den Weg, die Türen zum Weihnachtsgeschäft sind noch offen. Zum Glück können wir den Wagen vor dem Geschäft parken. Und dann schnell nach Hause, die Kinder warten schon.

Und dann spüre ich, wie ich innerlich immer leerer werde. Leer und verausgabt, in der Hetze verliere ich mich selbst. Ruhe brauche ich, Zeit für mich selbst, Abstand von allem, um zu mir zu kommen, um die Tür zu meinem Inneren aufzuschließen. Was ist eigentlich dahinter? Kenne ich mich noch selbst? Was sind meine tiefsten Wünsche und Empfindungen? Das täte mir gut, Ruhe und Zeit für mich selbst. Dem Advent müßte man die Tür öffnen können – dafür brauche ich eigentlich nicht viel – ein Lied, eine Kerze, eine Geschichte, Zeit – und mich selbst.

Herr, mach die Tore weit und die Türen in der Welt hoch, damit wir uns in der Hetze und Unruhe dieser Wochen nicht verlieren. Öffne uns die Türen zu unserem Inneren, daß wir in der Stille erfahren, wer wir sind, und zu uns selbst finden.

Meditative Musik

Ansprache

JESUS ÖFFNET TÜREN

Macht hoch die Tür, die Tor macht weit – das haben wir vorhin gesungen. Und man sollte doch meinen, daß das eine Selbstverständlichkeit ist, wenn da jemand kommt, wie Jesus, daß man so einem sofort die Tür aufmacht. Aber auch Jesus kam vor verschlossene Türen. Schon als seine Eltern einen Raum suchten, in dem Jesus geboren werden konnte – ihr kennt das ja alle aus der Weihnachtsgeschichte –, da blieben alle Türen geschlossen.

Und dann sind Maria und Josef schließlich in einen Stall gegangen, und dort wurde Jesus geboren. Aber dieser Stall hatte auch Türen, und die wurden vor niemandem zugemacht, die waren geöffnet für andere Menschen, die einfachen Hirten z. B. oder für die fremden Männer aus dem Morgenland. Man ließ diese Leute sonst nicht gern herein, aber bei Jesus und seiner Familie waren sie willkommen. Wir nennen Jesus Gottes Sohn. Und wir meinen damit, daß in diesem Jesus Gott selbst zu uns Menschen gekommen ist. »Und der Himmel öffnete sich« - so heißt es in der Bibel, als von der Taufe Jesu berichtet wird. Die Tür zwischen Gott und den Menschen war wieder offen. Viele Menschen hatten vorher gemeint, der Himmel sei verschlossen, Gott wolle nichts mehr mit den Menschen zu tun haben. Aber Jesus sagte ihnen: Gott macht die Tür zu euch ganz weit auf, er möchte euch ganz nahe sein, so nahe, wie ich euch jetzt bin. Und die Menschen merkten das!

Der blinde Bartimäus z. B. oder der gelähmte Mann am Teich Betesda. Die waren sehr einsam. Sie bekamen nichts mehr mit vom Leben. Sie konnten ja nicht mehr laufen und sehen wie die anderen Menschen. Sie konnten nicht mehr arbeiten. Sie waren immer auf Hilfe angewiesen. So wurden sie traurig, vielleicht auch gereizt und schwierig. Und so wollte schließlich niemand mehr etwas mit ihnen zu tun haben. Es war, wie wenn sie draußen vor der Tür des großen Lebenshauses säßen und keiner sie hereinließe. Zu denen kam Jesus und machte sie gesund, so daß sie wieder sehen und gehen konnten. Sie konnten wieder anteilnehmen am Leben der Menschen, sie standen nicht mehr draußen. Die Tür zum Leben war ihnen wieder geöffnet worden.

Oder: Da war ein junger Mann, Jesus hat seinen Freunden von ihm erzählt, der hatte sich mit seiner Familie auseinandergelebt. Dauernd gab es Streit. Mit einem Mal ging der Sohn. Er schlug die Tür zu und wollte ganz weit weg, um dort selbständig zu leben. Aber eines Tages kam er wieder zurück. Er hatte viel Pech gehabt. All das, was er sich erhofft hatte, war ihm mißlungen. Und man könnte erwarten, daß nach all dem, was vorgefallen war, der Vater sagen würde: Du hast diesen Weg gehen wollen und hast uns verlassen. Du hast uns sehr weh getan. Jetzt sieh auch zu, wie du selber mit dem Leben fertig wirst. Unsere Tür steht dir jetzt nicht mehr offen. Aber dieser Vater, von dem Jesus berichtet, wartet schon mit offenen Armen an der Tür auf seinen Sohn. Er hatte die ganze Zeit die Tür offengelassen für den Sohn - trotz Streit und aller Enttäuschung, die ihm sein Sohn bereitet hatte. So geht Gott mit uns um, sagt Jesus, und so können auch wir miteinander umgehen.

Ein anderes Mal war Jesus bei Freunden zu Besuch, die wollten aus diesem Grund ein großes Fest feiern. Und alle liefen geschäftig hin und her, kauften ein, deckten die Tische, kochten und stellten Blumen auf, um alles so schön wie möglich zu machen. Nur eine Frau, Maria hieß sie, die machte nicht mit. Sie saß bei Jesus, hörte ihm zu und wollte ihm einfach nahe sein. Als die anderen mit ihr schimpften und sagten: du könntest ruhig auch mithelfen, wo wir doch jetzt so viel zu tun

haben, da antwortete Jesus für sie und sagte: Maria hat mehr begriffen von dem, was ich will, als ihr alle. Ihr bereitet ein großes Fest vor und vergeßt dabei, daß ich schon da bin. Ihr versinkt in Vorbereitungen. Maria aber hat sich mir geöffnet und versucht jetzt schon zu begreifen, um was es in dieser Zeit geht.
Und dieser Jesus, der so vielen Menschen die Tür zum Leben geöffnet hatte, der wurde von den Menschen umgebracht, beseitigt. Es gab Menschen, die konnten es nicht vertragen, wenn Türen geöffnet wurden, die wollten lieber unter sich sein und sich nicht stören lassen. Und indem sie Jesus töteten, wollten sie die Türen wieder zuschlagen, die er geöffnet hatte. Aber Gott hat sich darauf nicht eingelassen. Die Tür zu den Menschen, die er mit Jesus geöffnet hatte, die ließ er sich nicht wieder zuschlagen. Und deshalb feiern wir Ostern, weil Gott auch die Türen, die wir Menschen zuschlagen, wieder aufmachen will, damit wir hinausschauen können aus unseren vier Wänden und es hell wird bei uns und damit Menschen zu uns hereinkommen und wir zu ihnen hinausgehen. Aus diesem Grund gehören Weihnachten und Ostern ganz eng zusammen.
Und das wollen wir jetzt singen, damit alle Menschen in dieser Adventszeit erfahren, daß bei Gott die Türen für uns Menschen offenstehen und daß wir selbst die Türen unseres Lebenshauses nicht äußerlich verschlossen halten müssen, sondern weit aufmachen können, so daß andere Menschen und Gott hereinkommen.

Lied: Komm, sag es allen weiter *(tvd B 9)*

Aktion
»ÖFFNET DIESEN KINDERN DIE TÜREN DES LEBENS«
(Helfer verteilen Zettel, die mit einer geöffneten Tür und diesem Wort bedruckt sind, sowie Bleistifte. Jeder Gottesdienstbesucher erhält so die Gelegenheit, seine Wünsche für das Leben der Tauf-Kinder zu nennen. Während der Aktion übernehmen eine Vokalsolistin und der Posaunenchor die musikalische Gestaltung.)

Verlesen der Taufwünsche

Lied: Kind, du bist uns anvertraut *(vgl. Seite 46)*

Taufe

Lied: Tochter Zion *(EKG 402)*

Schlußgebet
Gott, unser Herr!
Am Ende dieses Gottesdienstes wollen wir dir danken, daß wir deine Gemeinde sein dürfen – mit all unseren Schwächen und Fehlern, mit all den zugeschlagenen

Türen, die es gerade bei uns gibt und die uns das Leben immer wieder schwermachen.
Wir bitten dich:
Hilf uns, daß diese Adventszeit für jeden einzelnen von uns und für uns als Gemeinde zu einer Zeit froher Erwartung wird, in der wir innere und äußere Türen öffnen
- für dich,
- für die Menschen um uns herum,
- und auch für die Menschen, mit denen wir nicht so gern zu tun haben.

Gott, wir danken dir für die Kinder, die du uns geschenkt hast und denen du nahe sein willst.
Wir bitten dich:
Segne diese Kinder am Beginn ihres neuen Lebens in deinem Namen. Hilf uns, Schwierigkeiten in der Entwicklung und Erziehung unserer Kinder zu ihrem Besten zu bewältigen. Schenke allen Kindern in der Welt ein erfülltes und glückliches Leben.
Herr, wir denken auch an die Menschen in unserer Stadt und unserer Welt, die unter Krankheit, Tod und Krieg leiden. Laß in aller Not, Traurigkeit und Verzweiflung die Hoffnung nicht untergehen, die Jesus in die Welt gebracht hat. Laß diese Adventszeit zu einer Zeit wachsenden Friedens in der Welt werden und hilf uns, das Unsrige dazu beizutragen.

Lied: Vater unser *(tvd B 48)*

Segen

Musik zum Ausgang

Technik und Vorbereitung

Der technische Aufwand für diesen Gottesdienst bleibt begrenzt. Auf einem längs halbierten Blatt Halbkarton (DIN A3) läßt sich leicht ein quadratisches Adventshäuschen aufzeichnen. Die Lieder des Gottesdienstes finden auf der Rückseite Platz. Auch die Zettel für die Taufwünsche lassen sich schnell erstellen. Auch hier ist Halbkarton wegen der größeren Festigkeit ratsam. Die Anschaffung von Bleistiften in der entsprechenden Anzahl lohnt sich – auch für andere Gelegenheiten. (Verwendbare Dias finden sich u. a. in: Begegnungen. Dias für Unterricht, Gruppen- und Gemeindearbeit. Reihe: dia-themen 7, von Reinhard Schubert, Burckhardthaus-Laetare/Christopherus; oder: Diasprache. 60 Farbdias für verschiedene Anlässe in Schule und Gemeinde, von Gerhard Jost und Heinz Ebrecht, ebd.)

Kommentar

Nachgespräche mit Gottesdienstbesuchern zeigten deutlich, daß das Motiv des Türenöffnens einleuchtend und tragfähig ist, gerade für die Adventszeit. Zu überlegen wäre, ob dieses Motiv nicht noch direkter mit einer symbolischen Aktion zu verbinden ist, in deren Mittelpunkt etwa ein großes, im Altarraum aufgestelltes Adventshäuschen stehen könnte.

Visuelle Medien setzen wir in den Familiengottesdiensten selten ein. Vielleicht gelang es gerade deshalb, in der Diameditation eine Atmosphäre konzentrierter Betroffenheit zu schaffen. Gleichwohl war auch hier unsere Erfahrung: Die Aufnahmefähigkeit ist begrenzt, manche Teile hätten kürzer ausfallen können.

Unsere Sorge, daß die Gottesdienstteilnehmer spontan keine Taufwünsche aufschreiben können, erwies sich als völlig unbegründet. Wir hatten Mühe, aus den ca. 200 Wunschzetteln einige zum Vorlesen auszuwählen.

II. Zeit der Erfüllung: Weihnachten

Zum Festkreis Weihnachten haben wir nur einen Familiengottesdienst dokumentiert. Die Gottesdienst-Literatur zu diesem Anlaß ist ja bereits unübersehbar. Außerdem sind die Erwartungen der Gottesdienst-Teilnehmer am Heiligen Abend nach unserem Eindruck so eng gefaßt, daß stärkere Verfremdungen oder Überraschungen an den Menschen vorbeigehen.
»Moralische« Gottesdienste, deren einziger Gehalt darin besteht, unsere Weihnachtsgewohnheiten als unehrlich zu entlarven oder mit dem Leiden in der Welt zu konfrontieren, erreichen u. E. kaum jemanden und helfen so auch niemandem.
Wir wollen statt dessen auch hier nach positiven Ansätzen in den Erwartungen und Gefühlen der Gottesdienst-Teilnehmer suchen, diese artikulieren und verstärken und in Beziehung zum Weihnachtsevangelium setzen. Unsere Hoffnung dabei ist, daß Menschen so die Wirklichkeit Gottes in unserer Wirklichkeit entdecken oder auch selbst erleben und sich aus dieser Erfahrung heraus in ihrem Leben an Gottes Wirklichkeit orientieren. Dieser Weg scheint am ehesten Lernen zu ermöglichen.
So haben wir dann auch unsere eigene Scheu vor alten, oft ausgewaschenen Traditionen überwunden und verwenden zu Weihnachten immer wieder unterschiedliche Krippenspiele, die sich in genügender Zahl bereits in der Literatur finden lassen. Das dokumentierte Schattenspiel, das wir bisher zweimal in ähnlicher Weise eingesetzt haben, hat beide Male eine besonders starke Wirkung gezeigt und gerade die volkskirchliche Weihnachtsgemeinde in seinen Bann gezogen.

Am Ziel

Idee und Gestaltung

Die Dramatik und Anschaulichkeit des lukanischen Weihnachtsberichtes sind eine große Chance jedes Familiengottesdienstes am Heiligen Abend – und gleichzeitig eine große Gefahr. Die Konkretheit der Ausgestaltung lädt ein zur Identifikation und zum Mitfeiern – aber sie verführt auch zu Kitsch und verklärter Christ-Kindl-Romantik. Diesem Zwiespalt kann man sich nur schwer entziehen.
Grundgedanke des vorliegenden Familiengottesdienstes ist die Überlegung: Aus der Überlieferung sehen wir nur schattenhafte Konturen des Weihnachtsgeschehens auf der Folie, dem Vorhang der Geschichte. Unsere Fantasie ist es, die all das ausmalt, dramatisiert, intensiviert: Schatten der Geschichte von damals – auf die Folie unseres eigenen Lebens heute projiziert. Dazu bietet sich die Weihnachtsgeschichte als Schattenspiel an. Soweit bekannt, stammt die Idee von Peter Spangenberg, der sie im Vorbereitungsband zum Hamburger Kirchentag 1981 vorgestellt hat (Fürchte dich nicht: Materialien und Modelle für die Gemeindearbeit, hrsg. von Rolf Christiansen u. a., Gütersloh 1980, 39–51, hier allerdings für Erwachsene als Nachtgottesdienst konzipiert). Nach unseren Erfahrungen besteht die Chance des Schattenspiels darin, mit sparsamsten Mitteln ein Geschehen abzubilden und dennoch ganz intensive Identifikation zu ermöglichen. Einfachste Requisiten (Stern, Krone, Schwert, Krippe, Dornenstrauch) und sparsame Gesten (Handbewegungen, Körperhaltung) kommen der Darstellung am stärksten zugute. Wir haben das Spiel mit einer Konfirmanden-Gruppe vorbereitet. Weil die Spannkraft und Konzentrationsfähigkeit unserer Konfirmanden nicht sehr ausgeprägt sind, haben wir erst vier Wochen vor Weihnachten mit den Vorbereitungen begonnen. Eine Probe wöchentlich, in den letzten drei Tagen täglich, genügte. Es brauchten keine Texte gelernt zu werden, sondern von älteren Jugendlichen gelesene Texte wurden nur ausagiert. Und das gelingt auch Konfirmanden unter gewisser Anleitung sehr gut. Ergänzt wurde das Schattenspiel durch Lieder der Gemeinde (gleichzeitig die Zeit zum Umhängen von Kulissen). Entscheidend belebt wurde das Schattenspiel durch die Mitgestaltung des Organisten: Freie Orgelwerke, Improvisationen und Choralbegleitung wurden eine organische Einheit mit dem Spielgeschehen, beruhigten und intensivierten gleichermaßen das Ge-

schehen auf der Leinwand. Uns kommt zustatten, daß unser Kantor, Kirchenmusikdirektor Gerhard Kemena, ein Meister der Improvisation ist und neben Orgel auch andere Instrumente mit einbezieht: bis zur Spieluhr.
Zwar fühlen sich auch Erwachsene stark in das Spielgeschehen einbezogen – eine kurze Ansprache erscheint jedoch ergänzend hilfreich. Nur: sie muß wirklich kurz sein.
Im Altarraum haben wir zwei Kartenständer (aus alten Schulbeständen) stehen, die Leinwand liegt zusammengefaltet auf dem Boden, verdeckt auf dem Altar ist das Dia-Gerät vorbereitet. Der Gottesdienst beginnt also in festlicher Weihnachtsatmosphäre – ohne störende Elemente im Altarraum. Die Mitspieler haben nur schatten-wirksame Kostüme, die erst wirken, wenn sie hinter der Leinwand stehen. Als lebendigen Vorhang haben wir jedoch (auch um möglichst die ganze Konfirmandengruppe zu beteiligen) eine Gruppe traditioneller Engel (weißes Gewand, Kerze in der Hand) mit einbezogen, die zwischen den Szenen – wenn das Dia-Gerät ausgeschaltet ist – einen Lichtervorhang bilden. Sie ziehen erst zu Beginn des Schattenspiels ein.

Durchführung

Vorspiel des Posaunenchores

Begrüßung

Jesus ist geboren, er ist wirklich Mensch geworden.
Jesus ist geboren, er ist darum heute unter uns.
Jesus ist wahrhaftig geboren. Darum feiern wir Weihnachten. Ich begrüße Sie ganz herzlich zu diesem Weihnachtsgottesdienst. Wir wollen die alten Lieder singen und auch die alten Geschichten hören. Wir wollen gemeinsam darüber nachdenken, wie es hier in Bottrop – bei uns selbst – Weihnachten werden kann.
Dazu verhelfe uns Gott, der sich nicht zu schade war, in Jesus Christus Mensch zu werden.

Meditative Musik

Eingangsworte

Wir hören Verheißungen aus dem Alten Testament, Verheißungen für den Frieden – verstrickt in Friedlosigkeit. Noch kein Frieden in Palästina.
Noch kein Frieden bei uns, in unseren Familien, in unserer Nachbarschaft, in der Stadt, in der Stahlindustrie. Die Verheißung aber gilt uns allen, die wir uns – gerade heute – nach Frieden sehnen, nach gerechtem Frieden.

Wir hören darum Verheißungen des Propheten Jesaja aus dem Alten Testament:
Das Volk, das im Finstern wandelt, sieht ein großes Licht, und über denen, die da wohnen im finstern Lande, scheint es hell. Du weckst lauten Jubel, du machst groß die Freude. Vor dir wird man sich freuen, wie man sich freut in der Ernte, wie man fröhlich ist: Denn du hast ihr drückendes Joch, die Knüppel der Treiber zerbrochen.
Denn uns ist ein Kind geboren, ein Sohn ist uns gegeben, und die Herrschaft ruht auf seiner Schulter. Und er heißt Wunder-Rat, Gott-Held, Ewig-Vater, Friedens-Fürst, auf daß seine Herrschaft groß werde und des Friedens kein Ende auf dem Thron Davids und in seinem Königreich, daß er es stärke und stütze durch Recht und Gerechtigkeit von nun an bis in Ewigkeit. Amen.

Lied: Es ist ein Ros entsprungen *(EKG 23; GL 133)*

Gebet

Herr, unser Gott, wir freuen uns, daß du zu uns gekommen bist. Weil du Mensch geworden bist, darum kannst du uns so gut verstehen, kannst wirklich mit uns reden, uns weiterhelfen.
Nun wissen auch wir, an wen wir uns wenden können mit all dem, was uns bewegt,
- mit unserer Freude über dieses Weihnachten,
- mit unserer Erschöpfung und Atemlosigkeit,
- mit manchen bedrückenden Erinnerungen, die aus der Tiefe emportauchen.

Herr, laß uns spüren, daß du uns nahe bist.
Herr, laß jede Kerze, die heute brennt, ein Licht des Friedens werden. Mach uns selbst zu leuchtenden Kerzen deines Friedens,
- daß wir es anderen hell werden lassen,
- daß wir andere wärmen,
- daß wir ein Abglanz werden deiner Wahrhaftigkeit.

Amen.

Meditation

Wie Hirten auf dem Weg
aus finsterer Gespanntheit
aus verschlafener Gleichgültigkeit
aus gefrorenen Gefühlen
aufgewacht
zur hellen Freude
zur aufgeweckten Zuwendung
zu offenen Empfindungen

Wie Hirten auf dem Weg
aus bedrückender Dunkelheit
aus nachtschwarzen Befürchtungen
aus düsternen Erinnerungen
aufgewacht
zur befreienden Klarheit
zur taghellen Gewißheit
zur leuchtenden Hoffnung

Wie Hirten auf dem Weg
aus alltäglicher Gedankenlosigkeit
aus beruflicher Überreiztheit
aus entnervendem Streit
aufgewacht
zur weihnachtlichen Wachheit
zur Gelassenheit im Beruf
zur gerechteren Zukunft

Schattenspiel
(Esel als Handpuppe, Pfarrer steht auf der Kanzel und läßt die Handpuppe sprechen.)
Esel: Mich kennt ihr ja schon. Ich bin der Esel. Wißt ihr noch, am 1. Advent habe ich euch doch erzählt, wie das alles losging. Ich bin der Esel vom Schreinermeister Josef und seiner jungen Frau Maria.
Ich möchte euch heute weitererzählen, was damals geschehen ist. Wenn ich zurückdenke, ist es wie ein schöner Traum – ich sehe die Bilder noch ganz genau vor mir.
(Dia-Gerät: Licht an. Es erscheint die Kulisse des Stalles, jedoch ohne Krippe.)
Esel: Da kommt der Josef in meinen Stall.
(Auftritt Josef: Er winkt den Esel heran, der sich nur sehr langsam rührt.)
Josef: Hallo, mein guter Grauer. Aufstehen! Wir müssen auf eine weite Reise. Na, los! Rühr dich endlich. Wir müssen los.
Esel: Na, dann bin ich langsam aufgestanden. Alles Bocken half nichts.
(Während des folgenden Textes: Abgang von Josef und dem Esel, dann Licht aus und Kulissenwechsel: Kulisse für Rom: die Säule.)
Esel: Erst viel später habe ich erfahren, warum wir auf Reisen gehen mußten. Und das war so.
(Die Engel, die mit ihren Kerzen gleichsam einen Lichtervorhang vor der Leinwand bilden, gehen langsam auseinander, bevor das Licht wieder angeht.)
Esel: Im fernen Rom hatte der Kaiser Augustus beschlossen, sein ganzes Weltreich zählen zu lassen. Könnt ihr euch das vorstellen?
(Licht an: Kulisse Rom [Säule]. Musik: Te Deum. Beim folgenden Text Auftritt des Kaisers, der macht eine weite Handbewegung und eine Handbewegung für das Geld-Zählen mit den Fingern.)
Kaiser: Ich bin Kaiser Augustus, Herrscher der ganzen Welt. Das Regieren kostet viel Geld. Der Hof, die Soldaten, das alles will bezahlt sein. Und dafür habe ich einen Plan. Ich lasse sie alle zählen – und dann müssen sie zahlen, Steuern zahlen, jeder einzelne.
(Musik: Te Deum wiederholen. Kaiser tritt langsam und würdig ab, dann Licht aus, der Engel-Vorhang schließt sich wieder.)

Esel: Davon hatte ich damals keine Ahnung. Ich sah nur den weiten, mühsamen Weg durch die Berge von Israel, einsame Wege, wißt ihr noch? Bergauf *(langsam zum Mitklatschen:)* trapp – trapp – trapp. Und dann bergrunter *(schneller zum Mitklatschen:)* trapp-trapp-trapp. Harte, mühsame Wege. Und die Lasten wurden immer schwerer.

(Wenn der Esel von der Kanzel spricht, lenkt das die Aufmerksamkeit von der dunklen Leinwand ab, die Umbau-Arbeiten stören nicht. Kulisse Rom abbauen, dafür: Dornbaum aufstellen.)

Esel: Ich war am Ende, wollte einfach nicht mehr. Aber da, bei einer Rast, da hörten meine großen grauen Eselsohren etwas Wunderbares. Maria, Josefs junge Frau, sie erwartete ein Kind. Jedoch, war das nicht schrecklich, eine so beschwerliche Reise vor einem so großen Ereignis! Irgendwie wurden mir meine Lasten jetzt leichter. Am liebsten hätte ich die Maria jetzt auch noch getragen. Sie tat mir sehr leid – hier mitten im Dornenwald.

(Lichter-Vorhang tritt zur Seite; Licht an: Es erscheint der Dornenstrauch, Maria tritt auf. Musik: Maria durch ein' Dornwald ging. Während des Liedes geht Maria langsam zur Seite fort, dann Licht aus, Lichter-Vorhang schließt sich wieder. Kulissenwechsel: Anstelle des Dornenstrauches folgt jetzt Kulisse Mekka, also Minarett.)

Esel: Über viele Berghänge und Wiesen ging unser Weg. Am Ziel waren wir noch lange nicht. Und noch etwas habe ich erst viel später erfahren. Im fernen Morgenland, im Orient, auch da begann eine wundersame Reise.

(Musik spielt orientalische Improvisationen, Lichter-Vorhang geht zur Seite, Licht an, es erscheint die Kulisse für Mekka, während des folgenden Textes erscheint der erste Weise mit Fernrohr, zeigt zum Stern, der am Bildrand zu sehen ist, und winkt die beiden anderen herbei.)

Weiser: Ich bin Sterndeuter. Mit meinem Fernglas beobachte ich die Sterne. Und dort in der Ferne, da ist ein ganz seltsamer Stern, noch ist er kaum zu erkennen. Ein ganz wundersamer Stern. – Ich muß ihn mir genauer ansehen. Ein ganz fremder Stern. Ich muß die anderen rufen. Kommt her, seht – da passiert etwas ganz Aufregendes. Kommt, da müssen wir hin. Der Stern wird uns den Weg weisen. Ein neuer Herrscher der Welt? Da müssen wir hin!

(Musik wiederholt orientalische Improvisation. Die drei Weisen gehen langsam fort in Richtung Stern, Licht aus, Lichter-Vorhang schließt sich wieder. Kulissenwechsel: Betlehem-Kulisse.)

Esel: Ja, davon hatte ich damals auf unserem mühsamen Weg noch keine Ahnung. Viel später habe ich das alles erfahren.

Nach vielen Tagen und Nächten waren wir nun endlich am Ziel. In einem kleinen Dorf, in Betlehem, spät abends kamen wir an.

(Lichter-Vorhang öffnet sich langsam, Licht an; am Bildrand stehen an beiden Seiten Wirtsleute, Maria und Josef gehen langsam in die Bildmitte.)

Josef: Endlich am Ziel. Maria ist ganz erschöpft.
(Josef legt seinen Arm um Maria.)
Und auch ich bin schrecklich müde.
(Josef gähnt sichtlich, geht dann langsam allein zur Bildseite.)
Hoffentlich finden wir noch ein Quartier zur Nacht. Hier will ich fragen. Hallo, liebe Wirtsleute, öffnet uns bitte. Wir sind müde und brauchen ein Nachtlager, bitte öffnet uns.
(Dabei klopft Josef erkennbar. Ein Wirt erscheint, macht dann jedoch ablehnende Handbewegungen.)
Wirt 1: Nein, hier ist kein Platz. Ihr kommt zu spät. Ich kann euch auch nicht helfen. Kommt morgen wieder.
(Josef geht zur anderen Bildseite, klopft dann auch dort.)
Josef: Lieber Wirt, öffne uns! Gib uns einen kleinen Raum. Einen kleinen Raum in eurer Herberge. Es ist kalt. Und wir sind in großer Not.
(Es erscheint der zweite Wirt, macht aber ebenfalls deutlich abweisende Handbewegungen, ballt schließlich sogar die Faust und droht.)

Wirt 2: Wer wagt es da, so spät bei mir zu klopfen! Immer dieses dahergelaufene Wanderpack. Macht, daß ihr fortkommt. Sonst hetze ich den Hund auf euch.
(Josef geht langsam zurück zur Bildmitte, zu Maria, legt wieder seinen Arm um sie, dann gehen sie gemeinsam langsam fort zum Bildrand, bleiben aber sichtbar, denn gleich erscheint der Esel am Bildrand und stupst Josef mit der Schnauze.)
Esel: So hartherzig können die Menschen sein. Keiner hat Mitleid mit uns, nicht mit Maria, die doch ein Kind erwartet. Kein Mitleid mit dem müden und erschöpften Josef. Und an mich denkt sowieso niemand. Aber da, da riech ich doch was? Heu, schönes Heu, da ganz hinten in dem abgelegenen Stall. Ich stupse den Josef, dort finden wir vielleicht doch noch einen Platz.
(Alle gehen langsam fort, Licht aus, Lichter-Vorhang schließt sich wieder. Musik beginnt mit dem Lied: Die Nacht ist vorgedrungen [EKG 14; GL 111], die Gemeinde singt dann die erste Strophe. Während dieser Zeit erfolgt der Kulissenwechsel, statt Betlehem [Torbögen] jetzt ein Lagerfeuer.)
Esel: Wie es jetzt wohl draußen auf den Feldern aussieht? Dort in der Kälte, in der Nacht, wo die Hirten ihre Schafe hüten?
(Ein Hirte erscheint mit Stock und Stall-Laterne, geht bis in die Bildmitte und winkt später die anderen herbei.)
Hirte: Kommt zum Lagerfeuer! Bei den Schafen ist alles ruhig. Das ist eine langweilige Arbeit. *(Die anderen Hirten kommen von verschiedenen Seiten, setzen sich langsam um das Lagerfeuer herum.)* Nur manchmal ist's unheimlich, wenn die Wölfe heulen. Aber heute nacht ist's ruhig. Wir wollen uns ausruhen.
(Einer der Hirten nimmt seine Flöte und spielt, während die Orgel mit Solo-Stimme improvisiert.)
Ach, nimm doch deine Hirtenflöte und spiel uns ein Lied. Dann ist es nicht so unheimlich hier. *(Musik: Hirtenstück.)*
Ich bin müde, ich leg mich schlafen. Weckt mich, wenn was passiert.
(Musik leitet das Lied ein: Kommet, ihr Hirten, ihr Männer und Frau'n [EKG 411]. Licht aus, Lichter-Vorhang schließt sich; Gemeinde singt die erste Strophe. Während dieser Zeit erfolgt Kulissenwechsel: Jetzt kommt wieder der Stall, diesmal jedoch mit Krippe in der Bildmitte, Maria und Josef neben der Krippe rechts und links, beide sehen zur Krippe. Licht an!)
Esel: Ganz still habe ich mich hier im Stall in die Ecke verkrochen. Da eben, ich traute meinen großen Eselsohren nicht. Ich habe ein Baby schreien hören. Das Kind ist geboren. Hier im Stall. Das Kind ist geboren! Ganz still ist es jetzt. Ein Wunder ist geschehen. Ganz still, die Nacht, eine heilige Nacht. Hört ihr es? Wie ferner Glockenklang.
(Das Licht bleibt an, die Engel gruppieren sich vor der Leinwand um die Krippe. Eine Spieluhr spielt: Stille Nacht, heilige Nacht . . .)
Esel: Ein Wunder ist geschehen. Und die Engel werden es allen Menschen verkündigen.

(Licht aus; Orgel leitet über zum Lied: Vom Himmel hoch, da komm ich her [EKG 16]. Die Gemeinde singt die ersten drei Strophen. Währenddessen Kulissenwechsel: wieder Lagerfeuer mit den Hirten. Gegen Ende des Liedes öffnet sich der Lichter-Vorhang, Licht an, die Engel drehen sich um, wenden sich den Hirten, also der Leinwand, zu und halten jetzt die Kerzen ganz hoch.)
Hirte: Heh! Hallo, wacht auf! Was ist das? Es wird immer heller. Welch ein Glanz? Was soll das bedeuten? Wacht auf!
Engel: Fürchtet euch nicht! Siehe, ich verkündige große Freude, die allen Menschen widerfahren wird. Euch ist heute nacht der Heiland geboren, welcher ist Christus, der Herr. Und ihr werdet ihn finden in Windeln gewickelt und in einer Krippe liegen.
(Hirten stehen auf, winken, zeigen in eine Richtung, gehen dann während des folgenden Textes in diese Richtung fort.)
Hirte: Habt ihr gehört? Der Heiland ist geboren. Kommt, steht auf, wir gehen hin.
(Licht aus, Lichter-Vorhang schließt sich wieder, Kulissenwechsel: jetzt wieder die Säule für Jerusalem und der Palast des Herodes. Die Orgel leitet über zum Lied: Kommet, ihr Hirten; die Gemeinde singt die zweite Strophe. Dann Licht an, Lichter-Vorhang tritt zur Seite, die Weisen treten hintereinander auf und gehen in Richtung Säule. Von der anderen Seite tritt etwas später Herodes mit Krone und Schwert auf.)
Weiser: Wir sind gelehrte Männer aus dem Morgenland. Wir folgen dem Stern. Den neugeborenen Herrscher der Welt suchen wir.
König: Wen sucht ihr? Der Herrscher, das bin ich! *(Herodes weist auf sich.)*
König: Aber ich werde meine Berater fragen. Vielleicht können die euch helfen.
(König geht fort, Weise wenden sich einander zu.)
Weiser: Na, der hat aber einen mächtigen Schrecken bekommen. Der duldet bestimmt niemanden neben sich. Ob der uns helfen kann?
(König kommt langsam zurück, weist den Weg, verabschiedet sich.)
König: In Betlehem, sagen sie. In Betlehem soll der Herrscher der Welt geboren werden. So steht es in den alten Schriftrollen. Geht hin, sucht ihn! Und wenn ihr ihn findet, kommt und sagt es mir. Ich will auch kommen und ihn anbeten.
(Und dann leise weiter, während er sich umdreht und mit dem Schwert zuschlägt:)
Und wenn wir ihn erwischen, dann lasse ich ihn umbringen.
(Licht aus, möglichst unmittelbar nach dem Schwertschlag. Die Orgel leitet über zum Lied: Ich steh' an deiner Krippen hier [EKG 28; GL 141], die Gemeinde singt die erste Strophe. In dieser Zeit erneut Kulissenwechsel: Es folgt wieder der Stall mit Krippe und mit Maria und Josef. Nach dem Lied Licht an: Lichter-Vorhang öffnet sich, später kommen dann die Hirten und knien nacheinander an der Krippe nieder.)

Esel: In diesem kleinen Stall ist das große Wunder geschehen. Ein unfaßbares Glück. Wie die Menschen wohl diesem Kind begegnen werden? – Hört, da kommen Leute!
Kein Wort sagen sie, knien einfach nieder. Sie können es nicht fassen. Noch nie in meinem Leben habe ich die rauhen Hirten so ergriffen gesehen.
(Musik: Gemeinde singt zweite Strophe des Liedes: Ich steh' an deiner Krippen hier. Während des Liedes gehen die Hirten nach dem Kniefall einzeln fort.)
Esel: Da kommen noch mehr Menschen, mitten in der Nacht. Musik höre ich, laute Musik, als kämen da drei Könige.
(Musik: Orff-Weihnachtsspiel, die drei Referenzen, hier: Referenz I. Der erste Weise tritt auf, legt Geschenke ab und kniet kurz nieder.)
Esel: Die kommen aber von weit her! Da kommt der Nächste!
(Musik: Referenz II, zweiter Weiser kommt, legt ebenfalls sein Geschenk ab und kniet nieder.)
Esel: Und jetzt kommt sogar ein ganz schwarzer Mann. Aus welchem Land der wohl gekommen ist?
(Musik: Referenz III, der dritte Weise kommt, kniet auch nieder.)
Esel: Und jetzt verneigen sie sich alle vor dem Kind und geben ihm die Ehre.
(Musik: Große Referenz nach Orff.)
Esel: Das ist die schönste Nacht in meinem Leben. Nie werde ich das vergessen.
(Orgel leitet das Lied ein: Ihr Kinderlein kommet [EKG 408], die Gemeinde singt die erste Strophe, die Weisen stehen auf und gehen langsam fort, Licht bleibt an, die Engel treten vor der Leinwand zur Krippe, halten ihre Kerzen ganz hoch.)
Josef: Nun ist es ganz ruhig geworden. Liebe Maria, jetzt sind wir wieder allein. Allein mit unserem Kind. – Und mit unserem treuen grauen Esel. Wie still es ist! Und das Kind schläft. Schlaf, schlaf, wer weiß, wohin deine Wege dich noch führen werden.
(Licht bleibt; Gemeinde singt: Stille Nacht [EKG 410; GL 145]; während des Liedes geht das Licht aus, die Engel verlassen den Altarraum. Die Mitspieler setzen sich auf ihre Plätze.)

Ansprache
Liebe Gemeinde!
Wir haben die Schatten der Weihnachtsgeschichte gesehen. Schatten nur – und doch können wir es uns ganz genau vorstellen:
Die Armut: für viele ist das fremd, wirklich Armut, ausgestoßen sein, keine Freundlichkeit finden, in bedrückenden Augenblicken leben.
Die einfache Herberge: ein Ort, wo wir dann doch zu Hause sein dürfen, zu Hause mit unseren Empfindungen und Gefühlen; ganz einfach ist es da, kein Luxus, kein Überfluß, und doch – ein wirkliches Zuhause.
Und endlich nicht mehr allein: ein Mensch, für uns geboren, zu uns gekommen,

um uns Wärme, Licht und Geborgenheit zu schenken; ein Kind, hilflos und doch so voller Freundlichkeit, wehrlos und doch so voller Zukunft, neues Leben für uns. *Und Menschen freuen sich mit uns:* Ganz einfache Menschen kommen zuerst, sind ergriffen, still und ganz von diesem Eindruck überwältigt, spüren, wie Glück und Freude in ihnen aufsteigt und wächst.
Und danach: Wir alle sind anders geworden durch diese Weihnachtsgeschichte. Die Unruhe fällt ab von uns, die Aufregung verblaßt, die Freude, die uns geschenkt ist, sie gehört uns allen, sie gilt uns allen. Eine Freude, Zuwendung und Herzlichkeit, die allen Menschen gilt, nie einem nur privat. Wir alle sind anders geworden und wollen diese Freude mitnehmen, eine Freude, die größer ist als alle Freude über noch so schöne Geschenke. All das, was wir uns jetzt gegenseitig schenken und schenken lassen, ist ein kleines Zeichen für dieses große Geschenk: das Kind in der Krippe, das uns neues Leben schenkt. Amen.

Lied: Fröhlich soll mein Herze springen *(EKG 27, 1.2)*
oder: **Freu dich, Erd und Sternenzelt** *(GL 819, 1–4)*

Fürbittengebet
Herr, unser Gott,
Du hast uns Deinen Sohn geschenkt – und was schenken wir?
Wir bitten Dich:
Hilf uns zu teilen mit Menschen,
die arm sind wie Maria und Josef.
Hilf uns, die Hartherzigen zu erweichen,
wie damals die Wirtsleute in Betlehem.
Herr, wir bitten auch für die Menschen,
die heute nacht arbeiten müssen,
wie damals die Hirten auf den Feldern.
Wir bitten Dich für Menschen,
die ihr Lebensziel neu suchen,
wie damals die Könige aus dem Morgenland.
Herr, laß auf dieser Erde Weihnachten werden,
hilf uns, Frieden zu gestalten.
Damit Deine Engel wieder singen können:
Friede auf Erden den Menschen Deines Wohlgefallens.
Wir beten gemeinsam . . .

Vater unser

Segen

Lied: O, du fröhliche *(EKG 409, 1–3)*

Technik und Vorbereitung

Zur Vorbereitung des Schattenspiels sind ein Dia-Projektor (je einfacher, desto besser) erforderlich und eine Leinwand. Wir haben als Leinwand ein großes Bettlaken genommen, um ausreichend Fläche zu erhalten (und die Kosten geringzuhalten). Dieses Bettlaken haben wir oben und unten mit einer einfachen Holzleiste befestigt, so daß es gut gespannt war, sich aber trotzdem noch falten ließ. Beim Dia-Projektor muß das Objektiv herausgenommen werden. Dadurch entsteht ein besser streuendes Licht, gut für die Schattenwirkung. Dann brauchten wir noch Kartenständer, die wir mit Tannengrün verkleidet haben (alte »Möhrchen« aus Schulen ausrangiert). Damit konnte die Höhe der Leinwand exakt bestimmt werden. Mit Kulissen sind wir äußerst sparsam gewesen. Beim Schattenspiel reichen einfachste Andeutungen. Die Fantasie der Betrachter ist die eigentliche Gestalterin, beflügelt durch einfühlsam-einprägsame musikalische Unterstützung. Dennoch: Einfache Kulissen sind erforderlich. Wir haben sie aus Tapeten ausgeschnitten, zusammengeklebt und ebenfalls oben an Holzleisten befestigt. An der Holzleiste der Leinwand waren zusätzlich Haken angebracht, so daß wir an jeder Stelle der Leinwand eine Kulisse hinhängen konnten, die unmittelbar an die Leinwand anschließt. So entstehen keine Unschärfen oder Verzerrungen der Kulissen. Der banalste Hinweis ist der wichtigste: Die Mitspieler müssen immer möglichst nah an der Leinwand agieren. Und: Profile entstehen nur, wenn man wirklich Profil zeigt, d. h. nie mit dem Gesicht zur Leinwand oder zum Projektor schauen, sondern immer quer dazu. Als Kulissen haben wir eingesetzt: Eine Säule (für Rom, später auch für Jerusalem und Palast des Herodes); ein Minarett mit orientalischen Rundbögen (für das Morgenland); zwei einfache Torbögen (für Betlehem); einen Dornenzweig (für die Wanderung: ›Maria durch ein' Dornwald ging‹); den Stall mit der Krippe. Das reicht völlig aus. (Versuche, die Kulissen im Scherenschnitt-Kleinstformat in Diarahmen einzubauen und mitzuprojizieren, haben sich nicht bewährt.)

Als Kostüme für die Mitspieler genügten ebenfalls die schlichtesten Requisiten: Bademantel (als Gewand), ein Schal (als Turban zu stecken); ein Tuch (für Maria; jedoch beachten, daß das Gesicht freibleibt); Stall-Laternen für die Hirten und einfache Holzstöcke; vielleicht noch Fellmäntel oder Parkas für die Hirten, und Hüte! Natürlich für den Kaiser in Rom und für Herodes eine Krone und ein Schwert. Für die Weisen braucht man ein Fernrohr (da reicht schon die Pappe einer Küchenrolle) und ähnliche Requisiten (Kästen oder ein Buch). (Eine Konfirmandin hat einen Schatten-Esel aus Pappe gebastelt.)

Zusätzlich zu den Mitspielern ist es günstig, wenn man vielleicht etwas ältere Jugendliche als Sprecher(innen) einsetzen kann, die hinten im Altarraum verborgen sind (und gemeinsam über Mikrofon sprechen).

Ganz wichtig ist es, daß man sich Zeit nimmt, mit den Mitspielern einfache Gesten im Schattenspiel einzuüben. Es gilt die eigenartige Beobachtung, daß die geringsten Bewegungen in der Wirkung als Schatten stark dramatisiert wirken. Unruhige oder hastige Bewegungen kommen nicht zum Tragen, einfache, langsam ausgeführte Gesten und Haltungen wirken am stärksten.

Unabdingbar sind Helfer im Bereich der Technik: Zwei Personen, die sich ausschließlich um Kulissen kümmern und diese jeweils umhängen, eine Person, die außerhalb des Schattens ein wenig Regie führt, eine, die das Dia-Gerät zur richtigen Zeit an- und ausstellt. (Vielleicht noch jemand, der rechtzeitig die Mitspieler an den Rand der Leinwand holt und dort für Ruhe sorgt.)

Als Erzähler haben wir den Esel wieder aufgenommen, den wir bereits im Advents-Gottesdienst als größere Handpuppe eingesetzt hatten (vgl. Seite 41–44). Den Erzähler hat der Pastor übernommen, mit dem Esel auf der Kanzel. Dadurch war eine gewisse Ablenkung vom Altarraum in den Pausen gewährleistet, die erzählend überbrückt wurden.

Als Rollen sind zu vergeben: König Herodes, der Kaiser in Rom, Maria und Josef, drei Hirten, drei Weise, zwei Wirte in Betlehem, die Engel (für den Lichtervorhang). Dazu die Sprecher.

Die frühzeitige Abstimmung mit dem Organisten am Ort ist eine Grundvoraussetzung zum Gelingen. Die verwendeten Orgelwerke sind in der Regel übertragbar, anstelle der freien Improvisation bei der Hirten-Flötenmusik kann auch eine gut registrierte Pastorale einbezogen werden. Wirkungsvoller jedoch ist ein Solo-Flötenwerk. Die Registrierung ist hier entscheidend. Für die orientalische Musik haben wir auf Musik-Cassetten zurückgegriffen, außerdem haben wir an einer Stelle die Weihnachtsgeschichte von Orff (mit Cassette) verwendet (Anbetung der Weisen; jeweils die drei Referenzen). Unentbehrlich ist für diesen Gottesdienst ein Liederzettel, der einen nahtlosen Übergang von Erzählung/Schattenspiel zum Gemeindegesang ermöglicht. (Da wir einen gemeinsamen Liederzettel für alle Weihnachtsgottesdienste verwenden, haben wir uns hier mit einem Einlegeblatt beholfen, das speziell die Lieder beim Schattenspiel beinhaltete.)

Die Kosten der Vorbereitung sind minimal, der Fantasie sind alle Freiheiten eröffnet. Vieles ergibt sich erst während der Proben.

Das Textblatt sollte kopiert rechtzeitig allen Mitwirkenden zur Verfügung gestellt werden.

Es ist gut, wenn nach Abschluß des Schattenspiels, zumal, wenn es aus optischen Gründen im Altarraum stattfinden muß, die Leinwand wieder abgenommen und einfach auf den Boden gelegt wird. Dann ist der Blick in den Altarraum unverstellt, und die vertraute Weihnachts-Gottesdienst-Atmosphäre umrahmt das Schattenspiel.

Kommentar

Ein solches Schattenspiel kann Mittel des Gemeindeaufbaus sein. Und es kann ein Wundermittel der Gemeindepädagogik werden. Einer meiner Konfirmanden, ein intelligenter Muffel, der das alles albern fand, dann aber doch bereit war, bei den Kulissen zu helfen, war nach dem Gottesdienst derartig angerührt, daß er am liebsten gleich mit Proben zu einem nächsten Stück angefangen hätte.

III. Zeit des Lebens: Ostern

In der hermeneutischen Literatur wird gern beklagt, daß in gegenwärtiger gemeindlicher Verkündigung eine besondere Unfähigkeit zu beobachten sei: die Unfähigkeit, die Auferstehung zu predigen. Eine »theologia crucis« habe zwar wichtige Schritte ermöglicht, auch gegenwärtiges menschliches Leiden zu bearbeiten und zu durchdringen – also zu einer positiven Annahme von unabwendbarem Leiden zu verhelfen, die befreiende Botschaft von der »Auferstehung von den Toten« komme dabei jedoch häufig zu kurz. Es mag dahingestellt bleiben, wie wirklichkeitsnah eine solche Kritik ist. Tatsächlich weist Eberhard Jüngel in seinem Buch »Tod« nicht zu Unrecht darauf hin, daß in der Verkündigung der Auferstehung zuerst von der Auferstehung Jesu Christi von den Toten – und nicht zugleich von einer allgemeinen Auferstehung von den Toten die Rede sei. Dennoch bleibt Grundbestandteil christlicher Verkündigung: Erst die Auferweckung des Einen, des Jesus Christus, als des leidenden Menschen zum wahren Sohn Gottes ist Voraussetzung und Ermöglichung der Auferstehung von den Toten für allc Menschen.

Richtig jedenfalls an dieser Diskussion ist die beobachtbare Scham, die drastischen und markanten Bilder der Auferstehung Jesu Christi in einen allzu archaisch blühenden Auferstehungs-Glauben (ganz zu schweigen von analogen Wiedergeburts-Vorstellungen anderer Religionen) ausufern zu lassen. Das leere Grab – was bleibt der Verkündigung sonst? Wenn alle Bilder vom strahlenumglänzten Christus im weißen Engelsgewand theologisch obsolet geworden sind – wo bleiben dann die Chancen zur Verdeutlichung, Konkretisierung? Ganz zu schweigen von Wünschen zur Visualisierung einer der elementarsten christlichen Grundüberzeugungen. Zudem steht der theologisch zutreffenden Bemerkung, daß Ostern das zentrale Fest des christlichen Glaubens ist, die schleichende Auswanderung der Gottesdienstgemeinde zu Ostern in den Frühlings-(Auto-)Spaziergang und die Kurz-Ferien entgegen.

Die homiletische Literatur ist denn auch beim Kasus Ostern eher dürftig. Und auch wir haben uns den gleichen Schwierigkeiten gegenüber erlebt, die ursächlich für diese Leerstelle sind.

Dabei ist zuerst einmal bestritten, daß Auferstehung Jesu Christi in der zeitgenössischen Verkündigung zu kurz kommt. Die Dürftigkeit mancher Ostergottesdienste darf da nicht als einziges Indiz genommen werden. Gerade sorgfältige

Traueransprachen haben es in neuerer Zeit häufig unter Beweis gestellt, wie – ohne Übertölpelung der verletzten Gefühlswelt der Angehörigen – die Wahrheit der Auferstehung Jesu Christi gerade angesichts des Todes verkündigt werden kann. In unserer Gemeinde wechseln daher jährlich Familiengottesdienste und Osternacht-Gottesdienste, die eine besonders geeignete Form der Auferstehungs-Feier sein können: unmittelbar nacherlebbarer Übergang vom Trauer-Erleben zum Lebensgewinn. Die Äußerung einer Frau aus unserer Gemeinde geht nicht aus dem Kopf, die nach einem Osternacht-Gottesdienst wörtlich sagte: »Irgendwie habe ich heute nacht meinen eigenen Tod erlebt.« Wenn sie das sagen kann – mitten im Leben, dann ist das ein wichtiges Signal. Ostern darf nicht isoliert gepredigt und gefeiert werden, sondern steht in unmittelbarem Zusammenhang mit Trauerbewältigung und Neugewinnung von Lebensperspektiven.
Stationen in der Nacht – so heißt dann auch ein Osternacht-Gottesdienst, der diesen Übergang vom Tod zum Leben auszugestalten versucht. Ähnlich das Symbol vom Weizenkorn, alles Motive, die in Ostergottesdiensten bei uns eine Bedeutung hatten.
In diesem Band haben wir drei Zugänge dokumentiert: Der Stein ist weg. Dieser Gottesdienst nimmt das zentrale Motiv vom leeren Grab auf symbolisch verfremdete Weise wieder auf. Dabei geht es weniger um die Anschauung des leeren Grabes als um den Stein, der vor dem Grab gelegen hat, der Stein, der uns auf dem Herzen liegt. Stationen in der Nacht – so heißt ein Beispiel für einen Osternacht-Gottesdienst, der den Übergang vom Tod zum Leben im Übergang von der Finsternis zum Licht symbolisiert. Mit »Lebenszeichen« ist schließlich ein weiterer Familiengottesdienst markiert, der sich darum bemüht, im Lebenskranz für Kinder ein sichtbares und zugleich heiteres Zeichen des geschenkten neuen Lebens aufzugreifen.
Ostern – Zeit des Lebens, das darf nicht zum schlicht-goetheschen Osterspaziergang und Frühlingserwachen verkommen, sonst würde aus der ursprünglichen Verchristlichung heidnischer Feste die Archaisierung des christlichen Glaubens. Ostern feiern lernen – das ist eine zentrale Aufgabe für unsere Praxis in der Gemeinde – Ostern und auch sonst!

1. Der Stein ist weg

Idee und Gestaltung

Die Ostergeschichten der Evangelien, insbesondere die Überlieferung vom leeren Grab, mögen für die historisch-kritische Forschung als Ausdruck zunehmender Materialisierung des Ostergeschehens gelten. Die volkskirchliche Frömmigkeit hängt gleichwohl auch heute noch an diesen Geschichten, vielleicht bedingt durch die Unanschaulichkeit des eigentlichen Ostergeschehens, das als Widerfahrnis von Erscheinungen oder auch als Chiffre für die »Bedeutsamkeit des Kreuzes« außerordentlich schwer zu begreifen und zu vermitteln ist. Wir wählen in diesem Gottesdienst den anschaulichen Weg – den Weg der Frauen zum Grab. Ihre Erfahrung, daß der Stein vor dem Grab fort ist, verstehen wir als Zeichen für den Sieg Jesu über den Tod. Dies wird – so der theologische Gedankengang – auch unsere Ostererfahrung ablegen können, wenn wir die Todeserfahrungen unseres Lebens überwinden und die Steine, die uns belasten und zu erdrücken drohen, ablegen.
Ein Stein, den jeder Gottesdienstteilnehmer am Eingang erhält, wird in diesem Ostergottesdienst als Symbol persönlicher Todeserfahrungen meditiert, und zwar unter den Stichworten: Angst, Einsamkeit, Traurigkeit, Streß/Ehrgeiz und Schuld. Dies ist sicher nur eine begrenzte Auswahl, ebensogut können andere Lebensbereiche gewählt werden. Die Osterbotschaft als Überwindung des Todes soll dann im Fortgang des Gottesdienstes in einer symbolischen Aktion des Steineablegens im Altarraum angeeignet werden.
Den positiven Gehalt der Auferstehungsbotschaft als Geschenk neuen Lebens nimmt dann stärker die Austeilung von Osterglocken auf. Daß diese Blumen nicht persönliches Geschenk bleiben, sondern auf dem anschließenden gemeinsamen Osterspaziergang an Passanten und im Altersheim an die älteren Gemeindemitglieder weitergeschenkt werden, entspricht unserem Osterglauben: Er ist nicht unser Besitz, sondern erschließt sich als Annahme und Weitergabe von Leben, Lebensfreude und Lebensmöglichkeiten. An die Stelle einer ausgeführten biblischen Erzählung, wie sie sonst in unseren Familiengottesdiensten üblich ist, tritt in diesem Gottesdienst die Verlesung der Ostergeschichte nach Lukas in einer neueren Übersetzung. Denn die erzählenden und übertragenden Elemente sollen in die Stein-Meditation im Rahmen der symbolischen Aktion integriert werden.

Durchführung

Am Eingang erhält jeder Gottesdienstteilnehmer einen Kieselstein und wird von einem Mitglied des Helferteams kurz über den Zeichencharakter dieses Steins informiert.

Musikalisches Vorspiel

Chorgesang: Nun jauchzet mit hellem Ton *(Joh. H. Schein)*

Begrüßung

Zu diesem Familiengottesdienst am Ostermorgen begrüßen wir Sie alle; Euch, die Kinder und Jugendlichen, und Sie als Eltern und Ältere.
Wir, die wir diesen Familiengottesdienst vorbereitet haben - und das war ein großer Kreis . . . wir alle freuen uns, daß wir zu einer großen Gemeinschaft heute morgen hier zusammengekommen sind. Denn in einer solchen Gemeinschaft, so meinen wir, feiert sich Ostern doch besser als allein.
Ostern, das wissen und spüren wir alle, ist ein ganz besonderer Festtag, zumal wenn das Wetter so schön ist und wir richtig mitbekommen, wie der Frühling in der Natur Einzug hält.
Und deshalb ist heute morgen auch in unserer Kirche einiges anders, schöner als sonst. Die Kinder unseres Kindergartens haben die Kirche mit Blumen geschmückt, die sie selbst ausgewählt und gepflanzt haben. Sie haben auch die Osterkerze mit buntem Wachs beklebt und geschmückt. Die beiden Osterkerzen sind übrigens ein Geschenk unserer katholischen Nachbargemeinde St. Elisabeth, ich finde, eine schöne Geste der Verbundenheit.
Ja, und schließlich haben Sie, habt Ihr am Eingang einen Stein bekommen, den jetzt alle in ihren Händen halten. Wir wollen in diesem Gottesdienst gemeinsam über den Stein nachdenken. Über den Stein am Grab Jesu - der plötzlich fort war, weil sein Leben sich nicht durch einen Stein erdrücken ließ. Und wir wollen nachdenken über den Stein, die Steine, die wir mit uns herumtragen, die uns belasten und bedrücken. Wie sehen sie aus, wie gehen wir mit diesen Steinen um, wie werden wir sie los? Kann auch für uns Ostern werden, können auch unsere Steine hinweggenommen werden?
Bevor wir nun das erste Lied gemeinsam singen, möchte ich Sie alle ganz herzlich einladen, nach dem Gottesdienst mit unserem Posaunenchor zum Altenwohnheim zu ziehen. Die Kinder dürfen dort Ostereier suchen. Und den alten Menschen dort wollen wir mit einigen Frühlingsliedern zu Ostern eine Freude bereiten.

Lied: Christ ist erstanden *(EKG 75; GL 213)*

Eingangsworte

Der Herr ist auferstanden, er ist wahrhaftig auferstanden.
Wir verkündigen euch die Verheißung, die an unseren Vorfahren ergangen ist, als frohe Botschaft, denn Gott hat sie erfüllt, er hat Jesus auferweckt.
Ehre sei dem Vater und dem Sohn und dem Heiligen Geist, wie es war im Anfang, jetzt und immerdar und von Ewigkeit zu Ewigkeit. Amen.

Gebet

Herr, unser Gott, da sind wir nun, voll innerer Freude und Festtagsstimmung. Wir erwarten etwas von diesen Tagen, von Ostern, von diesem Gottesdienst.
Aber da sind auch die Steine in unserer Hand, der Stein, der unsere eigene Härte ist im Umgang mit anderen Menschen. Der Stein, der uns bedrückt und unfroh macht – wie unterschiedlich er auch heißen mag. Der Stein, der uns über uns selbst stolpern läßt und uns den Blick verstellt, nach vorn in unsere Zukunft und zur Seite zu unseren Mitmenschen. Herr, laß heute bei uns Ostern werden. So wie die Frauen damals erfahren haben: Der Stein, der sie von dem guten und frohen Leben mit Jesus trennte, der war hinweggenommen. So mach auch uns heute innerlich frei und gib uns neuen Mut zum Leben. Amen.

Lied: Wir wollen alle fröhlich sein *(EKG 82; GL 223)*

Lesung

Lk 24 (nach *Jörg Zink,* Das Neue Testament)

Glaubensbekenntnis

Ich glaube an Gott, den Vater,
und höre sein Wort.
Er ist der Herr,
ihm gehört der Kosmos,
er lenkt die Geschichte.
Freude an aller Schöpfung, Ehrfurcht vor dem Leben
und Mut zum Handeln kommt von ihm.
Ich glaube an Jesus Christus
und gehöre zu ihm.
Er hat unser Leben gelebt.
Mit ihm begann eine neue Welt,
die ohne Krieg und Hunger,
ohne Krankheit und Tod sein wird.
Bei ihm endet alle Schuld.
Er wurde gekreuzigt,
Gott aber hat ihn vom Tod erweckt
und darin unsere Freiheit begründet.
Ich glaube an den Heiligen Geist
und werde von ihm geführt.
Er gibt Erkenntnis der Wahrheit
und schärft das Gewissen.
Er schafft Eine Kirche für alle Menschen
bis zur Vollendung der Welt in Gerechtigkeit. Amen.

Chorgesang: Daß Menschen freier atmen können *(H. Kornemann/Koch)*

Meditation

DER STEIN VOR DEM GRAB

Wir haben gerade die Ostergeschichte gehört, so wie sie im Neuen Testament überliefert ist. Zwei Frauen sind auf dem Weg zu Jesus, zu dem *toten* Jesus. Ihre Hoffnungen auf mehr Liebe, auf Freude am Leben, auf Gemeinschaft mit allen Menschen – mit Jesus haben sie all diese Hoffnungen begraben. All das, was sie selbst miterlebt haben, hat nun seinen Sinn verloren, ist abgebrochen, Jesus ist tot. Gescheitert. Gott hat ihm nicht geholfen. Bedrückt und traurig gehen die beiden Frauen zum Grab, um den Leichnam zu salben, wie man das damals tat. – Sie überlegen, wie sie wohl diesen großen Stein, der vor der Grabhöhle liegt, zur Seite rollen können. Er ist zu schwer für sie. Sie können ihn nicht bewegen. Ein Stein. – Er versperrt den Frauen den Zugang zu Jesus. Er ist wie eine Mauer zwischen ihnen. Vor dem Stein endet ihr Weg. Sie wagen nicht, aufzuschauen. Sie wollen es einfach noch nicht wahrhaben, daß sie nun für immer von Jesus getrennt sind.

Auch uns versperren Steine den Weg. Wir kommen nicht mehr weiter. Es gibt nur ein Zurück. Ein Stein liegt auf unserem Herzen und bedrückt uns.

Vielleicht hat der Stein einen Namen.

Vielleicht heißt er »ANGST«: Wir haben Angst vor der Schule, vielleicht auch vor den Schulkameraden; Angst vor dem Beruf, vielleicht auch vor den Kollegen; Angst, nicht genug leisten zu können, zu versagen.

Vielleicht heißt unser Stein »EINSAMKEIT«: Wir haben keinen Menschen, mit dem wir reden können, der uns ernst nimmt, uns lieb hat –, und wir sehnen uns danach, einen Freund, eine Freundin zu finden. Wir fühlen uns wie eingemauert. Wir kommen einfach nicht hindurch durch diese Mauer, hin zu anderen Menschen.

Vielleicht heißt der Stein »TRAURIGKEIT«: Das Leben macht uns einfach keinen Spaß. Wir können uns nicht mehr richtig freuen, obwohl wir es doch so gern täten. Es ist, wie wenn etwas auf unser Herz drückt.

Vielleicht heißt der Stein »STRESS und EHRGEIZ«: Wir müssen es zu etwas bringen, in der Schule, im Beruf. Wir wollen keine Versager sein.

Vielleicht heißt er auch »SCHULD«: Wir haben da etwas falsch gemacht; wir haben einem Menschen weh getan, haben ihn enttäuscht. Wir wissen nicht, wie wir das wiedergutmachen können, und das bedrückt uns.

Vielleicht hat unser Stein auch einen ganz anderen Namen, den nur wir selbst kennen. Steine, die uns belasten, an denen wir schwer zu tragen haben; Steine, die zu Mauern geworden sind – um uns herum und zwischen uns und anderen Menschen. Vielleicht bauen wir selbst mit an diesen Mauern, jeder mit seinen Steinen?

Jeder von uns hat einen Stein in der Hand. Es ist ein kleiner Stein. Wir können ihn gut tragen. Er soll auch nur ein Zeichen sein für die Steine, die uns belasten. Jeder von uns wird seinen Stein, seine Steine mit sich herumtragen. Wie heißen die Steine, die uns bedrücken, die uns den Weg versperren, die zwischen uns und anderen Menschen stehen? – Lassen Sie uns versuchen – jeder für sich –, dem eigenen Stein einen Namen zu geben ...

Orgelmeditation

Die beiden Frauen, die den toten Jesus suchen, blicken auf: Der Stein ist weg. Sie hatten sich auf den Weg gemacht, obwohl ihre Hoffnungen zerbrochen waren, obwohl alles aussichtslos für sie zu sein schien, obwohl sie nicht wußten, wie sie den Stein zur Seite bekommen würden. – Und nun: Der Stein ist weg. Der Gekreuzigte ist auferweckt worden. Gott hat die Geschichte Jesu nicht mit dem Kreuz enden lassen. Er lebt, d. h. das, was Jesus gesagt, getan und erlitten hat, ist nicht sinnlos gewesen.
Wir wissen nicht, wie das geschehen ist, die Auferweckung Jesu. Die Bibel sagt darüber nichts. Was wir aber wissen, das ist: Diese Frauen, und dann auch die anderen Freunde Jesu, denen ist es gesagt, und sie haben es geglaubt: Der Herr ist auferstanden. Dieser Satz hat sie so getroffen, daß sie ihre Trauer vergaßen und gewiß waren: Der Herr lebt. Sie haben es weitererzählt; und vor allem: sie haben so gelebt, daß man an ihnen merkte: Der Tod Jesu war kein Schlußpunkt, mit ihm war nicht alles zu Ende.
Der Stein ist weg. Nicht nur der Stein vor dem Grab, der die Frauen von dem toten Jesus trennte, ihnen den Weg zum Grab versperrte, ist beiseitegeräumt. Auch dieser andere, schwere Stein, der ihnen auf dem Herzen lag und sie bedrückte, der Stein, der Angst hieß und Traurigkeit, Verzweiflung und Hoffnungslosigkeit, dieser Stein war ihnen vom Herzen genommen. Das neue Leben, das sie mit Jesus erlebt hatten, die verwandelnde Kraft der Liebe, die sie an ihm erfahren hatten, die Hoffnung, mit der Jesus sie angesteckt hatte – all dies hatte neu Geltung bekommen, war wieder menschenmöglich geworden.
Auch uns bedrücken Steine. – Ostern, heißt das nicht auch für uns, daß Mauern fallen sollen, daß wir Steine ablegen können? Kann nicht erst dann auch für uns Ostern werden, wenn wir unsere Steine benennen; und wenn wir Menschen finden, die uns helfen, unseren Stein zu tragen, Mauern zu durchbrechen; wenn wir einen Ort finden, wo wir unsere Steine – oder wenigstens einen Stein – ablegen können und frei werden?
Ostern – das heißt: Wir *können* uns auf den Weg machen. Wir können einen Ort, wir können Menschen finden, wo wir das, was uns bedrückt und traurig macht, loswerden. Vielleicht erfahren wir dann, wie Lasten leichter werden, wie Steine abfallen, wie Leben wieder möglich wird.

Ostern – das heißt auch: Wir *sollen* uns auf den Weg machen, auf den Weg zu anderen Menschen, die von Steinen erdrückt werden; ihnen tragen helfen, ihnen Steine abnehmen, ihnen helfen, ihren Stein loszuwerden. Vielleicht erfahren sie dann – und wir mit ihnen –, wie Lasten leichter werden, wie Steine abfallen, wie Leben wieder möglich wird.
Zum Zeichen dafür, daß Steine abfallen und daß Ostern für uns das Angebot ist, Steine abzulegen, wollen wir Sie und Euch einladen, sich auf den Weg zu machen und einen Stein abzulegen, hier vorn – neben der Osterkerze. Dies soll ein Zeichen sein. Unsere Sorgen, unsere Trauer und Hoffnungslosigkeit, unsere Einsamkeit und Schuld, die Hektik unseres Lebens sind damit nicht einfach weg. Aber so, wie wir uns jetzt hier auf den Weg machen, um Steine abzulegen, so will die Botschaft von Ostern uns ermuntern, uns auf den Weg zu machen mit anderen Menschen und zu anderen Menschen, um gemeinsam Steine zu tragen und Orte zu finden, wo wir sie ablegen können; um gemeinsam Mauern, die uns den Weg versperren, zu durchbrechen, damit wir wieder Hoffnung gewinnen, freier leben und Liebe weitertragen können.
Vielleicht können wir auch unseren Stein benennen und unter eins der Schilder »Einsamkeit, Traurigkeit, Streß und Ehrgeiz, Schuld« legen. Wer will, kann seinen Stein aber auch ohne Namen lassen und ihn nur so im Altarraum ablegen.
Dies alles können wir tun im Vertrauen auf die Osterbotschaft:
Der Herr ist auferstanden. Er ist wahrhaftig auferstanden.

Meditative Musik

Kanon
Der Herr ist auferstanden; er ist wahrhaftig auferstanden.
Halleluja, Halleluja.

Ostern – das heißt: neues Leben.
Ostern – wenn Lasten von uns abfallen, wenn Menschen wieder frei atmen können;
Ostern – wenn Hoffnungen wieder blühen können, wenn Freude sichtbar leuchtet, wenn Dankbarkeit spürbar wird;
Ostern – neues Leben – ein Geschenk zum Weiterschenken. Schon immer sind Blumen ein solches Zeichen für Leben und Freude, Dank und Liebe gewesen.
Blumen blühen mitten im Stein.
Die Liebe ist stärker als jeder Tod. Das ist Ostern.
Wir möchten Ihnen, jedem von Ihnen, jetzt eine Osterglocke schenken: ein Zeichen für die Osterfreude; ein Geschenk zum Weiterschenken.
Und wir möchten Sie einladen, diese Blumen mitzunehmen zum Altenwohnheim in der Neustraße – zum Weiterschenken.

Lied: Gib uns Frieden jeden Tag *(tvd B 17)*

Fürbittengebet

Vater im Himmel, am Ende dieses Gottesdienstes, in dem wir uns über die Auferstehung deines Sohnes gefreut haben, wollen wir dir unsere Wünsche sagen, das, um was wir bitten:
Wir bitten dich für die Menschen, die unter den Steinen der Einsamkeit leiden: Laß sie Menschen finden, nach denen sie sich sehnen, einen Freund, eine Freundin.
Wir bitten dich für uns, wenn wir einsam sind, um Menschen, die uns verstehen und die Mauern unserer Einsamkeit durchbrechen.
Wir bitten dich für die Menschen, die traurig sind. Nimm ihnen den Stein der Traurigkeit vom Herzen.
Wir bitten dich auch für uns, wenn wir traurig sind. Laß uns den Weg durch die Trauer hindurch zum Leben finden, zur Liebe, die mitten in der Trauer blüht wie Blumen mitten im Stein.
Wir bitten dich für die Ehrgeizigen, für die, die unter Streß leiden. Befreie uns von falschen Zwängen und zu hohen Erwartungen.
Wir bitten auch für uns, wenn wir uns unter Erfolgszwang setzen lassen, ehrgeizig und egoistisch sind. Bei dir ist niemand ein Versager.
Wir bitten dich um Vergebung von Schuld. Wir selbst haben Menschen weh getan, sie enttäuscht. Nimm uns die Steine der Schuld ab, laß uns – am Tag deiner Auferstehung – einen neuen Anfang machen, damit dein Ostern unter uns wahr wird: neues Leben. Amen.

Lied: Vater unser *(tvd B 48)*

Segen

Musik zum Ausgang

Technik und Vorbereitung

Dieser Familiengottesdienst erfordert keinen großen technisch-organisatorischen Aufwand. Kieselsteine mittlerer Größe können in der erforderlichen Anzahl von einem örtlichen Baustoffhändler bezogen werden. Es ist allerdings ratsam, sie noch einmal gründlich zu waschen und über Nacht trocknen zu lassen.
Plakate mit den Aufschriften »Einsamkeit, Traurigkeit, Streß und Ehrgeiz, Schuld« (Plakatkarton in verschiedenen Farben) sind – für alle Teilnehmer sicht-

bar – im Altarraum der Kirche aufgestellt. Wir haben zusätzlich ein Blanko-Plakat aufgestellt, damit jeder Gottesdienstteilnehmer die Gelegenheit hat, seinen Stein individueller Bedrückung dort abzulegen.
Kurzstilige Osterglocken sind (gerade vor Ostern) von einem gemeindeverbundenen Gärtner oder über den Blumengroßhandel sehr preisgünstig zu erhalten.

Kommentar

Die symbolische Aktion des Steinablegens war der Höhepunkt des Gottesdienstes. Nachgespräche zeigten, daß vor allem erwachsene Teilnehmer die Aktion als Befreiung und Ermutigung zum Leben erfahren haben. Für die jüngeren bedeuteten die relativ langen Wortteile sicherlich eine Überforderung. Hier könnte man straffen.
Wer den Einsatz von zwei Symbolen in einem Gottesdienst als eine Überfrachtung empfindet, wird auf das Verteilen der Osterglocken verzichten können, ohne daß dadurch der liturgische Spannungsbogen zerbricht. Für uns gehörte der Spaziergang mit dem Verteilen der Osterglocken zur Gesamterfahrung des Gottesdienstes dazu, zumal der Gang unbeabsichtigt noch eine ökumenische Dimension gewann. Aus der katholischen Probsteikirche, an der wir vorbeigingen, strömten die Besucher der Ostermesse, und überrascht und erfreut nahmen sie die Osterglockengrüße ihrer evangelischen Mitchristen entgegen!

2. Stationen in der Nacht

Idee und Gestaltung

Der Osternacht-Gottesdienst wird bei uns von der »Kerngemeinde« besucht, besonders aber von Erwachsenen jüngeren und mittleren Alters, die in beobachtender Distanz zur traditionellen Kirchlichkeit stehen. Diese Gruppe überschneidet sich stark mit den Menschen, die – zusammen mit ihren Kindern – die Familiengottesdienste besuchen. – Der Gedanke, in dieser Nacht den Übergang von der Karwoche zu Ostern, vom Leiden zur Auferstehung, von der Dunkelheit zum Licht liturgisch zu begehen, liegt nahe. – Die Idee vom Weizenkorn stammt aus: »Wenn das Weizenkorn stirbt«, Jugendkreuzweg, hrsg. von BDKJ und AEJ (1980). – Der Gottesdienst hat ein doppeltes Ziel: die Spannung von Kreuz und Auferstehung im eigenen Leben zu erkennen und in ungewohnter Form mit der Osterbotschaft konfrontiert zu werden.
Die Liturgie hat drei Teile: das Leiden (»Stationen in der Nacht«), der Weg durch Leiden zum Leben (»Wenn das Weizenkorn stirbt«), Überwindung des Leidens (»Weg der Hoffnung«). Damit soll das Ostergeschehen symbolisch erlebbar gemacht werden. – Der erste Teil ist noch einmal in drei Stationen untergliedert: Fremdes Leiden, unser Leiden, Gottes Leiden; die 1. und 2. Station schildern jeweils eine beispielhafte Situation, die mit einer biblischen Verheißung konfrontiert wird; der Philipper-Hymnus der 3. Station nimmt bereits beides, Leiden und Erhöhung, auf.
Diese Gestalt des Gottesdienstes wird unterstützt durch die Beleuchtung der Kirche. Zu Beginn brennt nur das allernotwendigste Licht. Erst am Ende des 2. Teiles (»Wenn das Weizenkorn stirbt«) entzünden die Gottesdienst-Teilnehmer ihre Kerzen; die anfängliche Dunkelheit der Kirche, die Kälte ausstrahlt und die Menschen vereinzelt, wird symbolisch und ein Stück weit eben auch real überwunden: Licht, Wärme, Gemeinschaft, Freude treten an ihre Stelle.
Auch die Musik (Orgel-Metallophon) wird neben Sprache und Beleuchtung als tragendes Element in den liturgischen Ablauf des Gottesdienstes miteinbezogen und hilft auf ihre Art, den »Durchgang« mitzuvollziehen.
Schließlich ist es wichtig, daß in diesem Nachtgottesdienst dem Schweigen, dem Zur-Ruhe-Kommen und der eigenen Besinnung genügend Raum gegeben wird.

Durchführung

Orgelvorspiel

Begrüßung
Ich begrüße Sie alle herzlich heute abend. Wir haben uns noch einmal auf den Weg gemacht, in dieser Nacht zwischen Karfreitag und Ostern, um ein Stück weit das, was der Grund unseres Glaubens ist, nachzuvollziehen: den Durchgang von der Passion zur Auferstehung, von Leiden zu neuem Leben. Lassen Sie uns versuchen, so dem Geheimnis von Ostern näherzukommen.

Lied: Christe, du Lamm Gottes *(EKG 136; GL 482)*

Eingangsworte

Meditation I
STATIONEN IN DER NACHT
Erste Station: Fremdes Leiden
Man hat ihn umgebracht. Ihn, den »Bischof der Armen«: Oscar Arnulfo Romero, Erzbischof von El Salvador. – Ein Mann der Hoffnung für die Menschen seines Volkes, die im Dunkeln leben, denen das Recht auf menschenwürdiges Leben vorenthalten wird. – Ein Mann der Hoffnung für die, die von der Kirche noch etwas erwarten: Glaubwürdigkeit, Einsatz, Eindeutigkeit. – Er hatte verzichtet auf Privilegien, auf Beziehungen und Einfluß, um frei zu sein für die »Geringsten« unter den Schwestern und Brüdern Jesu: die entrechteten Bauern auf dem Land, für die entwurzelten Menschen in den Slums der Hauptstadt. – Er war bereit, Evangelium umzusetzen in Leben; bereit zur Solidarität mit den Ärmsten; bereit, fremdes Leiden mitzutragen; bereit, Stimmlosen seine Stimme zu geben. Er wurde zum Zeichen der Hoffnung für viele. Hoffnung, die mit dem Leben bezahlt wurde.

Meditative Musik

Es gilt die Verheißung: Wir warten aber auf einen neuen Himmel und eine neue Erde, in denen Gerechtigkeit herrscht, nach der Verheißung Jesu (2 Petr 3,13).

Zweite Station: Unser Leiden
Er hatte Erwartungen an sein Leben gehabt: eine nette Frau, ein eigenes Haus, zwei Kinder, einen guten Beruf. Dann wäre er glücklich gewesen. – Äußerlich hat er es erreicht ... – Aber glücklich? – Irgendetwas stimmt nicht. Alles ist so alltäglich geworden, ohne Höhen und Tiefen, ohne Ziel. – In seinen Beziehungen ist er

müde geworden. Manchmal spricht er nur noch das Nötigste. Vieles behält er für sich. Warum auch mitteilen? – Man merkt ihm wenig an. Er fällt nicht auf. Einer unter vielen. – Es geht ihm gut, wie man so sagt. – Aber glücklich ist er nicht. Er leidet – auf seine Art.

Meditative Musik

Es gilt die Verheißung: Das geknickte Rohr wird er nicht zerbrechen, und den glimmenden Docht wird er nicht auslöschen (Mt 12,20).

Dritte Station: Gottes Leiden

Lesung
Phil 2, 5–8

Meditation II
WENN DAS WEIZENKORN STIRBT
»Wer leben will wie Gott auf dieser Erde, muß sterben wie ein Weizenkorn, muß sterben, um zu leben.«
Leiden – es ist unübersehbar, wenn auch oft genug totgeschwiegen, verdrängt, übertüncht. – Das Leiden von Menschen, die uns fernstehen. Sie leben in einer anderen Welt. Sie haben andere Erwartungen an das Leben. Aber sie wollen leben und suchen Glück. – Das Leiden von Menschen, die uns nahestehen. Wir spüren es. Es macht uns Angst. Wir sind hilflos, unsicher, wissen nicht, wie wir ihm begegnen sollen, und tun vielleicht, als wäre nichts gewesen. – Unser eigenes Leiden. Es macht uns hart. Wir fühlen uns eingekeilt zwischen Ansprüchen und Zwängen, wie unter Steinen, wie im Grab. Das läßt uns am Leben zweifeln – und an den Verheißungen Gottes, der doch ein Gott des Lebens ist.
Passion und Ostern, Kreuz und Auferstehung – kann dies nicht bedeuten: Dem Leidenden gilt die Verheißung: aus Leiden entsteht neues Leben; da, wo Leiden angenommen wird; da, wo gekämpft wird, um Leiden zu überwinden? – Nicht Leidenssehnsucht, sondern Hoffnung für den Leidenden; Ermutigung, ihm standzuhalten, statt vor ihm zu fliehen.
Es ist wie beim Weizenkorn: Es muß sterben, um Leben zu ermöglichen.
»We shall overcome« – wir werden hindurchkommen – nicht dranvorbei! – Hindurch! – Auch Israel mußte durch das Rote Meer hindurch, um seiner Sehnsucht näherzukommen. – Auch Jesus mußte durch das Meer des Leidens, um Leben für alle zu schaffen. – Auch wir müssen durch das Wasser der Taufe und des Zweifels, um unseren Weg mit Gott zu finden: Karfreitag und Ostern – Durchgang durch das Dunkel zum Licht, durch Leiden zur Erfüllung, aus der Gefangenschaft des Grabes in die Freiheit, vom Tod zum Leben, durch das Kreuz zur Auferstehung.

Lied: Wer leben will wie Gott auf dieser Erde *(GL 183)*

Lesung

Mk 16, 1–3 *(Pause)* – Mk 16, 4–5 *(Pause)* – Mk 16, 6a und Lk 24, 5b
(Während der Lesung und in den Pausen spielt die Orgel; während Vers 4 gelesen wird, rollt ein Helfer den Stein vom Grab; dahinter steht eine brennende Kerze. – Mit dem Ende des Orgelspiels beginnt die 1. Glocke zu läuten.)
Der Herr ist auferstanden. Er ist wahrhaftig auferstanden. Halleluja!
(Die 2. Glocke beginnt zu läuten. – Die Kerzen und Öllampen am Altar und auf dem Kerzenständer werden von der Kerze im Grab her entzündet. Danach beginnt die 3. Glocke zu läuten. – Die Gottesdienstteilnehmer kommen nach vorn und entzünden ihre Kerzen an der Kerze im Grab. – Gegen Ende intoniert die Orgel: »Christ ist erstanden«.)

Lied: Christ ist erstanden *(EKG 75; GL 213)*

(Mit dem Ende des Liedes werden die Glocken ausgestellt.)

Meditation III
WEG DER HOFFNUNG

Gebet

Gott, was hat da angefangen? – Deine Geschichte mit uns ist eine Geschichte vom Kreuz. In deinem Weg auf dieser Erde spiegelt sich unser Leben. – Man wollte dich beseitigen, man sagte dich tot. Aber sie konnten nicht verhindern, daß Leben von dir ausging und immer noch ausgeht – wie von einem Weizenkorn, ausgesät für alle, aufgegangen für alle.
Es bleibt ein Geheimnis, Gott: Im Tod ist Leben, im Kreuz ist Heil. Mach auch mich zum Weizenkorn, Gott, eines von vielen, eines für viele, fruchtbar für die Zukunft des Lebens.

Vater unser

Lied: Wir wollen alle fröhlich sein *(EKG 82; GL 223)*

Sendung und Segen

Der Gott der Hoffnung erfülle euch mit aller Freude und allem Frieden durch den Glauben, damit ihr reich seid in der Hoffnung und Hoffnung verbreiten könnt durch die Kraft des heiligen Geistes (Röm 15,12): Der Herr segne euch . . .

Orgelnachspiel

Technik und Vorbereitung

Zu Ostern wird bei uns ein *Felsengrab* im Altarraum aus Feldsteinen aufgebaut; der runde Stein verschließt zwischen Karfreitag und Ostern den Eingang. Am Ostermorgen (Osternacht) wird der Stein beiseitegerollt; eine Kerze brennt im Eingang des Grabes. – *Kerzen* und Papierservietten als Tropfschutz müssen besorgt werden. – Die *Kirchenglocken* läuten weder zu Beginn noch zu Ende des Gottesdienstes, sondern nur nach den Osterlesungen. – Der Gottesdienst muß in Ablauf und Inhalt sehr genau mit dem *Kantor* abgestimmt werden. – *Mitarbeiter:* Kantor, evtl. Lektor(en); ein Helfer, der den Stein wegrollt und beim Kerzenanzünden hilft; evtl. Vorsänger; und der Pastor.

Kommentar

Der Gottesdienst lief insgesamt sehr konzentriert ab. Dabei war die anfängliche Dunkelheit in der Kirche eine Hilfe. Man mußte allerdings aufpassen, daß die meditative Atmosphäre nicht einschläfernd wirkte. – Daß nur ein Sprecher (Pastor) beteiligt war, hatte den Sinn, jede Unruhe zu vermeiden. Vor allem bei den »Stationen« können gut auch drei andere Sprecher eingesetzt werden, evtl. auch als Lektoren bei den Osterlesungen.

3. Lebenszeichen

Idee und Gestaltung

Der Sieg des Lebens über den Tod. Das ist die Botschaft von Ostern. In den Ostergeschichten der Evangelien, besonders in der Erzählung vom Gang der Frauen zum leeren Grab, wird diese Botschaft weitergesagt, jedoch nicht begründet oder erklärt. Sie erschließt sich nur dem Glauben und der vom Glauben getragenen Erfahrung.
So sind die Ostergeschichten der Evangelien der Versuch, das Unfaßbare faßbar und das Unverständliche in menschlicher Sprache und Bildern verstehbar zu machen. Menschliche Wirklichkeit und Erfahrung werden neu gedeutet. So wird bei der Erzählung vom leeren Grab implizit das Symbol des Todes, das Zeichen für abgeschlossenes, zugesperrtes Leben, der das Grab verschließende Stein, zu einem neuen Zeichen. Der Stein ist weggerollt! Er symbolisiert nicht mehr den Tod, sondern wird zum Zeichen für neues Leben, für neue Lebenszugänge.
Die Vermittlung dieser Ostererfahrung der Frauen in die Gemeinde heute ist das Anliegen des Gottesdienstes. Auch er muß darauf verzichten, die Osterbotschaft beweisen, belegen oder erklären zu wollen, vielmehr versuchen die Elemente des Gottesdienstes, den Osterweg der Frauen als einen Weg der Umdeutung von Zeichen des Todes in Zeichen des Lebens so mit- und nachzugehen, daß die Osterbotschaft als Eröffnung eigenen, neuen Lebens veranschaulicht und ergriffen werden kann.
Ostererfahrungen nachgehen, das bedeutet, daß auch heute noch Todeszeichen zu Lebenszeichen werden können, wenn wir uns auf die urchristliche Botschaft einlassen, daß Christus lebt und mit ihm auch wir.
Denn Lebenszeichen sagen weiter, daß alles, was das Leben bedroht und zerstört, überwunden und überwindbar ist. Nur – Lebenszeichen wollen wahrgenommen werden, sie wollen aus dem Bereich des Augenscheinlichen und Selbstverständlichen herausgeholt und als Zeichen für neues Leben begriffen werden.
In der biblischen Erzählung übersehen die Soldaten, die das Grab bewachen, die Lebenszeichen Gottes mitten in der Welt. Sie können von daher die Wandlung der Frauen nicht verstehen, bei denen aus Weinen Lachen, aus Trauer Freude wird, weil sie die Zeichen des Todes als Zeichen des Lebens neu verstanden haben.

Der Gottesdienst möchte diese Ostererfahrung nacherlebbar machen, indem aus vielem Unscheinbaren, Selbstverständlichen und daher Übersehbaren Zeichen des Lebens werden können: Kränze, ehemals Zeichen der Trauer und des Abschiednehmens, werden zu Zeichen des Sieges über den Tod, zu Lebenskränzen.
Auch Blumen tragen auf ihre Weise die Lebensbotschaft weiter, indem aus einer scheinbar leblosen Zwiebel Blüten wachsen. Sie symbolisieren so, daß Leben neu entstehen kann. In dem Aktionsteil wird an jeden Gottesdienstbesucher eine Osterglocke verteilt, ein Stück neu entstandenes Leben wird damit weitergeschenkt. Und auch die Gottesdienstbesucher selbst bekommen dann die Möglichkeit, symbolisch Leben weiterzugeben, wenn im Anschluß an den Gottesdienst die Bewohner des Altenheimes besucht werden, an die die Osterglocken als Zeichen des Lebens aus dem Gottesdienst weitergereicht werden können.
Auch Kinder können als Lebenszeichen Gottes in unserer Welt begriffen werden, denn in ihnen wird sichtbar und erlebbar, daß Gott Leben schenkt und zusagt. Gerade in der Taufe wird die Lebensbezogenheit Gottes sinnlich erfahrbar und zukunftseröffnend, denn die Taufe auf den Namen des dreieinigen Gottes bedeutet die Hineinnahme in das Geschehen Christi – auch in das Ostergeschehen – und verkündigt so, daß Gott ein Leben schenkt, das dem Tod widersteht.
Viele Lebenszeichen können wir in unserer Welt finden: Zeichen des Lebens, die helfen, die Ostererfahrungen der ersten Gemeinden auch heute noch nachzuerleben und zu begreifen, wenn wir sie eben neu sehen lernen.

Durchführung

Ostergeläut

Osterruf
Christ ist erstanden *(EKG 75; GL 213)*

Begrüßung
Herzlich willkommen zu diesem Gottesdienst in der Martinskirche – und ein fröhliches Osterfest Ihnen und Euch allen.
Wir feiern zusammen Ostern – jetzt in diesem Gottesdienst, mit unserem Gang zum Altenheim in der Neustraße und auch zu Hause im Kreis der Familie.
Wir feiern zusammen Ostern – weil wir allen Grund haben, uns zu freuen – über die kleinen Geschenke und die Suche nach Ostereiern, über die Blumen, Boten des Frühlings. Vor allem aber freuen wir uns, weil Gottes Liebe zum Leben stärker ist als die Macht des Todes.

Jesus ist auferweckt worden. Er lebt, und mit ihm können auch wir leben. So möchte ich uns einladen, in diesem Gottesdienst gemeinsam nach Zeichen des Lebens zu suchen und uns durch sie ermutigen zu lassen.

Lied: Wir wollen alle fröhlich sein *(EKG 82; GL 223)*

Eingangsworte

Psalmwort

Der Herr ist meine Macht und mein Psalm und mein Heil.
Man singt mit Freuden von seinem Sieg
in den Hütten der Gerechten.
Denn: Ich werde nicht sterben,
sondern leben und des Herrn Werk verkündigen.
Weil Ostern heißt: Christ ist erstanden.
Jesus lebt.
Das ist vom Herrn geschehen, unserem Gott;
und es ist ein Wunder vor unseren Augen.
Ja, dies ist der Tag, den der Herr macht;
laßt uns uns freuen und fröhlich darinnen sein.
Laßt uns nach Zeichen des Lebens suchen,
die dem Tod widerstehen.
Laßt uns Lebenszeichen sehen,
die die Botschaft von Ostern weitersagen. *(nach Ps 118)*

Lied: Auf, auf mein Herz mit Freuden *(EKG 86,1.2)*

Biblische Erzählung

Die Soldaten sind übernächtigt und ratlos. Noch sitzen sie unschlüssig dort in den Gärten an den Felsengräbern. Sie verstehen das alles nicht. Sie sollten dort einen Toten bewachen. Ganz überraschend war der Befehl gekommen. Und sie sind eine Spezialtruppe – für Sonderaufgaben ausgebildet. Sie hatten mit einem nächtlichen Überfall gerechnet, Wachen hatten sie aufgestellt, ungesehen hätte niemand an das Felsengrab kommen können. Außerdem lag noch ein dicker Felsstein vor der Grabesöffnung.

Alles war doppelt und dreifach gesichert. Nach menschlichem Ermessen hätte nichts passieren dürfen. Nach menschlichem Ermessen war der Tod endgültig und das Grab sicher bewacht.

Und nachts? Kein Überfall, keine besonderen Vorkommnisse – so heißt es in der knappen Sprache der Militärs. Sie hatten den Tod bewacht – und das Leben übersehen.

Erst in der Morgendämmerung, als langsam die Anspannung der Nacht von ihnen wich, erst in den Strahlen der aufgehenden Sonne, da kamen Menschen – kein Überfall, nein, harmlose Frauen in schwarzen Kleidern, trauernde Frauen, wie man sie überall auf den Friedhöfen antreffen kann. Trauer und Kummer hatten ihre Gesichter gezeichnet. Enttäuscht sahen sie aus. Das sah man schon von weitem.

Es gab keinen Grund, den Frauen den Weg zu versperren. So kamen sie – bis zum Grab.

Da erst, in diesem Augenblick überfiel die Soldaten ein furchtbarer Schrecken. Das Grab lag geöffnet vor ihnen. Der Stein weggerollt. Und niemand, niemand von ihnen hatte es gemerkt.

Es gab Alarm, Aufregung. Wie aufgescheucht rannten sie umher – zwecklos. Sie hatten den Tod bewacht – und das Leben übersehen.

Deprimiert und ratlos mußten die Soldaten schließlich abziehen, zurück in die Kaserne, Meldung machen. Eine große Blamage.

Auf dem Weg zur Kaserne redeten sie nur wenig. Irgendwie waren sie fassungslos. »Wo haben wir denn nur einen Fehler gemacht? Wir hatten doch alles völlig im Griff. Nirgendwo eine undichte Stelle – und kein Überfall, nichts Außergewöhnliches.«

Sie konnten das einfach nicht begreifen. Und die Peinlichkeiten, die ihnen jetzt bevorstanden – das würde Folgen haben. Auch wenn sie selbst völlig schuldlos waren an dem, was sich da ereignet hatte.

Niedergedrückt gingen sie zurück zur Kaserne – in der Ferne auf dem Friedhof hörten sie Lachen, lautes Lachen von den Frauen, lachende Frauen in Trauerkleidung. Sie verstanden die Welt nicht mehr.

Obwohl es jetzt taghell war, ein strahlender Frühlingsmorgen – trotzdem war ihnen unheimlich, viel unheimlicher als in der dunklen Nacht, in der sie Wache gehalten hatten. Mit menschlichen Maßstäben war das nicht zu begreifen.

In der Kaserne lief dann alles so, wie sie es befürchtet hatten. Sie wurden verhört, Protokolle wurden angefertigt. Eine peinliche Angelegenheit. Einige von den Soldaten haben die Geschichte später noch oft erzählt. Immer wieder erzählt, wie streng sie Wache gehalten hatten – und wie am nächsten Morgen plötzlich alles ganz anders war.

Und manchmal erzählten sie auch von den Frauen, die bedrückt und in schwarzer Trauerkleidung zum Friedhof gekommen waren, das leere Grab entdeckten und schließlich vor Freude lachten, mitten auf dem Friedhof. Die Soldaten hatten den Tod bewacht – und das Leben übersehen.

Kanon

Der Herr ist auferstanden; er ist wahrhaftig auferstanden!
Halleluja! Halleluja!

Meditation

LEBENSZEICHEN I

Dies also ist damals geschehen: Sie hatten das Grab, sie hatten den Tod bewacht – und dabei das Leben übersehen. Für die Soldaten der römischen Weltmacht eine ärgerliche und peinliche Sache – für die Frauen damals, und seitdem für unzählige Menschen, Grund zur Freude und zum Lachen.

Sie hatten das Grab bewacht und das Leben übersehen. Das, was damals geschah – das widerspricht auch heute noch allen unseren Erfahrungen. Denn – ist das nicht unsere Überzeugung: So stark und gut ein Leben sein kann – das Grab, der Tod ist doch das Ende. Das Grab ist auch für uns das erdrückendste Zeichen des Todes geblieben. Und – so mächtig die Liebe sein kann, sie kann doch sterben, getötet werden – und sei es mit Hilfe waffenstarrender Soldaten – Zeichen des Todes.

Und nun, wenn Ostern wahr ist, nun soll plötzlich alles anders sein. Das Leben stärker als der Tod, die Liebe wirksamer als tötende Gewalt?

Das jedenfalls war die Erfahrung der Frauen damals: Das Todeszeichen Grab wird ihnen zu einem Lebenszeichen. Der Grabstein ist weg, fortgeschoben. Jesus ist nicht mehr tot, das Todeszeichen wird zum wichtigsten Lebenszeichen.

Jesus lebt. Er ist nicht bei den Toten zu finden, sondern bei den Lebenden. Bei den Jüngern in Palästina und den kleinen christlichen Gemeinden des römischen Reiches; bei den Christen aller Konfessionen und in allen Ländern. Ja, er ist sogar dort zu finden, wo Menschen ihn gar nicht kennen, aber in seinem Sinn handeln.

Jesus lcbt – heute – unter uns. In unserem Herzen und in unseren Gedanken. In unseren Handlungen, in unserer Welt ist er lebendig und wirksam.

Der Grabstein, das Todeszeichen für viele, ist zum Lebenszeichen für alle geworden. Gott gibt uns Anteil am Leben Jesu, das den Tod überwunden hat. Die verwandelnde Kraft seiner lebendigen Liebe kommt uns zugute. Sie weckt in uns die Liebe zum Leben und gibt uns die Kraft, gegen den Tod und alle Kräfte des Todes zu glauben und zu hoffen.

So wird Jesus für uns alle zum Lebenszeichen. Er ist das Lebenszeichen Gottes. Und wir können zum Lebenszeichen Jesu, wir können zu lebendigen Zeichen für Jesu Gegenwart werden.

Sehen wir sie nicht, die Lebenszeichen unter uns?

Wollen wir sie nicht wirksam und sichtbar werden lassen, neu entdecken?

Lebenszeichen – wir können sie wahrnehmen, sie können uns Mut machen:

... Da schreibt einer in seiner Anzeige: Wohnung zu vermieten – Kinder, auch mehrere Kinder erwünscht. Sind nicht Kinder selbst Lebenszeichen Gottes? –

Da geht ein Ehepaar, das sich nach dem Auszug der erwachsenen Kinder nichts mehr zu sagen hat, doch nicht auseinander, sondern findet neu zusammen. Ist dies nicht ein Lebenszeichen, wo eine Beziehung neu wächst? –

Da wird ein Kind, benachteiligt in Aussehen und Begabung, schließlich von den

anderen Kindern der Schulklasse doch in die Klassengemeinschaft aufgenommen. Ist dies nicht ein Lebenszeichen, wo ein Kind nicht allein bleibt? –
Da gehen Menschen in diesen Tagen auf die Straßen, auch Christen aus unserer Stadt mit dem Plakat: Jesus lebt, mit ihm sollen auch wir leben! Sie protestieren gegen die weitere Aufrüstung mit Waffen des Todes. Ist dies nicht ein Lebenszeichen, wo Menschen dem Frieden mehr zutrauen als dem Drohen mit Gewalt? –
Die Soldaten am Grab Jesu haben das entscheidende Lebenszeichen übersehen – einfach nicht mitbekommen.
Ich wünsche uns andere Erfahrungen – und ich möchte uns dazu Mut machen: daß wir uns neu auf den Weg machen, Lebenszeichen von Ostern heute entdecken und ihnen wirklich etwas zutrauen. Dann ist es unsere Aufgabe nicht mehr, Grabkränze, Kränze des Todes zu winden und zu trauern. Wir können, wenn wir an Ostern glauben, Lebenskränze flechten und uns freuen.
Und das wollen wir jetzt nicht nur sagen, sondern wir wollen es auch zeichenhaft tun. »Kinder«, so las ich einmal, »Kinder sind der beste Beweis dafür, daß Gott seine Freude am Leben noch nicht verloren hat.«
Kinder sind Lebenszeichen Gottes. Wir können uns an ihnen freuen. Darum möchte ich jetzt alle Kinder nach vorn bitten, damit sie einen bunten Lebenskranz erhalten.
(Die Kinder kommen in den Altarraum und erhalten dort von Helfern einen Kranz aus buntem Kreppapier, den sie sich auf den Kopf setzen.)

Osterruf *(EKG 75; GL 213)*
Christ ist erstanden

Meditation
LEBENSZEICHEN II
Lebenszeichen – wir wollen sie neu entdecken und ihnen mehr vertrauen als den Zeichen des Todes.
Kinder selbst sind Lebenszeichen Gottes unter uns. Sie werden nun an jeden von uns ein kleines Lebenszeichen weitergeben; eine Blume, eine Osterglocke.
Denn auch Blumen sind für uns in dieser Zeit Zeichen des Lebens, nach dem langen Winter aus einer scheinbar toten Zwiebel gewachsen und erblüht. Wir freuen uns an ihnen und schmücken unsere Wohnungen mit ihnen.
Diese Blumen sind uns von einem Gärtner unserer Gemeinde geschenkt worden. Denn Lebenszeichen, so sagte er, Lebenszeichen kann man nicht kaufen und verkaufen, man kann sie nur geschenkt bekommen und weiterschenken.
So nehmt also diese Blumen – und versteht sie als österliches Zeichen für euer Leben.

Lied: Gelobt sei Gott im höchsten Thron *(EKG 79; GL 218)*

Taufe

GOTTES LEBENSZEICHEN UNTER UNS

Liebe Eltern und Paten!

Geburt und Taufe – das sind Lebenszeichen Gottes unter uns Menschen. Seit der frühesten Christenheit ist Ostern der Tauftag der christlichen Gemeinde.

Wenn wir heute diese Kinder taufen, dann soll ihre Taufe veranschaulichen und deutlich machen, wovon wir selber in Wirklichkeit leben: davon, angenommen zu sein, verstanden zu werden, geborgen zu sein.

Vielleicht können wir als Erwachsene von diesen Kindern lernen: Gottes Liebe annehmen, annehmen als Lebenszeichen.

Denn wer selber Liebe erfährt, Leben geschenkt bekommt, der kann auch Liebe weitergeben. Das bedeutet Ostern: Leben geschenkt bekommen – und überall da, wo mitten unter uns und in unserer Umwelt Leben bedroht ist, Lebenszeichen aufrichten, als christliche Gemeinde selbst Lebenszeichen sein.

Nicht aus unserer Kraft, sondern aus der Kraft des Heiligen Geistes, der durch die Taufe unser Leben bestimmt. Der uns einen neuen Geist schenkt: den Geist der Zuversicht, den Geist des Friedens – der jedem Tod widersteht. Amen.

Gebet der Eltern

Wir sind glücklich über dieses Kind (daß es gesund ist). Es gehört zu uns, aber wir besitzen es nicht. Es wird Zeiten geben, in denen unsere Kinder uns fremd werden und wir ihnen. Aber wir werden uns wieder finden, wenn wir es lernen, einander gelten zu lassen und uns nicht aufzudrängen; wenn wir es uns versagen, aus den Kindern etwas zu machen, was sie nicht sein können. Unbeschwert sollen sie leben als freie Menschen. Wenn wir ihnen dabei nicht im Wege stehen – das wäre gut. Damit sie uns nicht entgleiten, brauchen wir langen Atem. Begleiten möchten wir sie – loslassen, wenn es Zeit ist.

Glaubensbekenntnis

Taufhandlung und Segenswünsche

Die Kinder kommen kranzgeschmückt zur Taufhandlung wieder in den Altarraum und stellen sich in einem Halbkreis um das Taufbecken, um so zeichenhaft die Täuflinge in ihre Mitte, in die Gemeinde und in die Verheißung ihres Kranzes mithineinzunehmen.

Nach der Taufhandlung können die Kinder spontan gefragt werden, was sie den Täuflingen für ihr weiteres Leben wünschen. Unsere Erfahrungen zeigen, daß sich immer Kinder bereitfinden, ihr Wünsche für die Täuflinge laut vor der Gemeinde auszusprechen.

Ermutigung

Gott segne Sie als Eltern und schenke Ihnen die Fähigkeit, mit ihrem Kind zu wachsen an Liebe, Geduld und Wahrhaftigkeit;
Gott segne Sie als Paten, daß Sie dem Kind ein vertrauenswürdiger Begleiter und den Eltern ein gesprächsbereiter Freund werden und bleiben;
Gott segne uns als Gemeinde, daß wir unsere Verantwortung für die Kinder und deren Zukunft wahrnehmen und von den Kindern lernen, sich beschenken zu lassen, geliebt zu werden und Liebe weiterzugeben, und wieder werden, was wir sein sollen: Licht in der Welt.

Fürbittengebet

Herr, unser Gott und unser Freund,
du setzt Zeichen des Lebens
mitten in unsere Welt und unseren Tag.
Weil wir begreifen, daß alles Leben in dir liegt,
bitten wir dich:
Gib uns den Mut und die Kraft,
neues Leben mit dir zu wagen
und so selbst zu Lebenszeichen
für andere zu werden,
indem wir denen helfen, die hilflos sind,
indem wir denen vertrauen, die nur Mißtrauen kennen,
indem wir die lieben, die nicht liebenswert erscheinen.
Herr, unser Gott und unser Freund,
laß uns die Lebenszeichen, die du setzt,
nicht übersehen,
und hilf uns, zum Lebenszeichen zu werden,
indem wir den Frieden weitertragen,
der neues Leben untereinander erst ermöglicht –
hinein in die Familien und Hausgemeinschaften,
an unsere Arbeitsplätze und überall dorthin,
wo Menschen zusammenkommen.
Hilf uns, zum Lebenszeichen zu werden,
denen, die unglücklich und bedrückt sind,
denen, die verbittert und hoffnungslos ihr Leben
von Todesmächten noch bestimmen lassen.
Du, Herr des Lebens, hilf uns mitzuhelfen,
daß Menschen neu zu leben und zu lieben lernen.
Amen.

Vater unser

Segen

Osterruf
Christ ist erstanden *(EKG 75; GL 213)*

Technik und Vorbereitung

Zur Vorbereitung und Durchführung dieses Gottesdienstes ist kein größerer technisch-organisatorischer Aufwand erforderlich. Die Kränze für die Kinder können von den Erzieherinnen eines Kindergartens oder einer Bastelgruppe der Gemeinde aus farbigen Kreppstreifen geflochten werden.
Für den Gottesdienst selbst ist nur eine kleine Helfergruppe erforderlich, die bei der Verteilung der Kränze und der Osterglocken mithilft.
Die Kirche wird vor dem Gottesdienst mit Osterglocken und anderen Frühlingsblumen geschmückt.
Neben dem Altar ist ein kleines Felsengrab aufgebaut, vor dem der Stein weggerollt ist.

Kommentar

Die Integration der Osterglocken-Aktion in das gottesdienstliche Gesamtgeschehen und die damit intendierte Verkündigung können in einer anderen Gemeinde vielleicht entfallen, wenn man sich nur auf ein Symbol konzentrieren will.
Der Kranz als Lebenszeichen sollte dann noch stärker auf die sich anschließende Taufhandlung bezogen und gedeutet werden.

IV. Zeit der Gemeinschaft: Gemeindefest

Gemeindefeste sind sicher nicht nur in Industriegebieten wesentliche Bestandteile, ja Höhepunkte im Leben der Gemeinde. Offen bleibt allerdings die Frage, wie solche Feste zu beurteilen sind. Sind sie unvermeidbare Konzessionen an den Publikumsgeschmack, notwendig in Zeiten, die dem Gemeindeleben manche in dieser Hinsicht weniger skrupulöse Konkurrenten an die Seite stellen? Sicher ist, daß Gemeindefeste vor den strengen Maßstäben der Ekklesiologie kaum bestehen können. So entfaltet etwa Jürgen Moltmann (in: Kirche in der Kraft des Geistes) das messianische Fest der Gemeinde als Antithese zum säkularen Fest mit seinen eher kompensatorischen, die Gesetze der Arbeitswelt nur vorübergehend außer Kraft setzenden Funktionen. Die Wirklichkeit stellt sich differenzierter dar. Geselligkeit, Feste und Feiern sind aus unserer Sicht gegenwärtig mögliche und sinnvolle Gemeinschaftsformen in Familien, Nachbarschaften, Stadtteilen und Gemeinden. Sie sind um so wichtiger, als das Defizit an Gemeinschaftserfahrungen gerade in Kirchengemeinden oft genug beklagt wird. So vollzieht sich das Fest der Gemeinde nicht nur im »weiten Horizont der trinitarischen Geschichte Gottes mit der Welt«, sondern zu Recht auch im Kontext der Lebens-, Feier- und Gemeinschaftsbedürfnisse der Gemeindemitglieder.

So jedenfalls deuten wir die Erfahrungen, die wir in den sechs Jahren der Durchführung unseres Gemeindefestes »Rund um die Martinskirche« gesammelt haben. Es findet in jedem Jahr kurz vor den Sommerferien statt, wird von etwa 150 ehrenamtlichen Mitarbeitern vorbereitet und gestaltet und von ca. 2000 Gemeindemitgliedern besucht. Nicht der Pfarrer als Alleinunterhalter, sondern aktive Gemeindeglieder und -gruppen sind an diesem Tag gefragt. Menschen, die sonst nie mit der Gemeinde Kontakt fänden, verlieren an einem solchen Tag ihre Schwellenängste, feiern, spielen, gestalten mit, suchen das Gespräch, finden in vielen Fällen Anschluß. Solche Gemeindefeste sind konkrete Einübungsfelder in Gemeinschaft, Gelegenheit, die eigene Person oder Gruppe in das Gesamt einer gemeinsamen Aufgabe und einer gemeinsamen Zweckbestimmung (der Erlös ist für ein Dritte-Welt-Projekt bestimmt) einzubinden.

Gemeindefeste sind darüber hinaus eine Chance generationsübergreifender Gestaltung und Erfahrung; eine Möglichkeit, Vorurteile und Fremdheit zwischen den Generationen (etwa Frauenhilfe und Jugendmitarbeiter) im gemeinsamen Arbeiten und Feiern zu überwinden.

Schließlich werden bei solchen Festen Idealismus und Engagement freigesetzt, die bei anderen Gelegenheiten wieder aufgegriffen werden können und sich positiv auswirken auf den Alltag des Gemeindelebens. Es wird kein Zufall sein, daß wir gerade auf und nach diesen Festen von Gemeindegliedern häufig angesprochen werden, welche Möglichkeiten zur Mitarbeit in der Gemeinde bestehen, und signalisiert bekommen, man sei bereit, »irgendwo mitzumachen«.
Die Familiengottesdienste, mit denen die Gemeindefeste jeweils beginnen, bilden deshalb den Höhepunkt unserer »Familiengottesdienste im Kirchenjahr«. Sie sind auch die mit Abstand am besten besuchten. Oft herrschte in der Kirche eine so drangvolle Fülle, daß wir zu Beginn unsicher waren, ob der Gottesdienst in der geplanten Weise überhaupt durchführbar sei. Aber wir sind in dieser Hinsicht immer wieder positiv überrascht worden.
Verstehen wir unsere Familiengottesdienste als Fest und Feier der gesamten Gemeinde, so gilt dies für die Gottesdienste zum Gemeindefest in besonderem Maße. Inhaltlich steht dem Anlaß des Tages entsprechend das Gemeinschaftsmotiv christlicher Existenz im Mittelpunkt. Das »Spiel mit den Seifenblasen« im ersten der hier dokumentierten Gottesdienste versucht, Gemeinde als Gemeinschaft der zur Hoffnung Berufenen und auf Hoffnung hin Lebenden gerade angesichts der Zerbrechlichkeit unserer menschlichen Hoffnungen anschaulich und erfahrbar zu machen. In einem weiteren Familiengottesdienst geht es um den Frieden - Gottes Schalom - als Basis und Zielbestimmung jeder menschlichen Gemeinschaft. Die beiden folgenden Gottesdienste (»Wie ein Mobile« und »Verwoben miteinander«) wollen den Charakter christlicher Gemeinschaft selbst verdeutlichen: begründet, getragen und zusammengehalten durch Gottes Wort und Tat lebt sie nicht für sich selbst, sondern ist gemeinsam in Bewegung, lädt ein, das persönliche Leben in diese Gemeinschaft miteinzuknüpfen.
Wenn dann beim anschließenden Gemeindefest das Gemeindemobile in der Kirche weiterbeschriftet, bedacht und behutsam in Bewegung gesetzt wird, der Gemeindeteppich aus der Kirche in das Fest hineingetragen wird, Besucher an ihm weiterknüpfen und Hinzukommende zum Anknüpfen einladen, dann sehen wir darin ermutigende Zeichen für Gemeindefeste, in denen sich das messianische Fest mit unserem menschlichen Feiern verbindet.

1. Unsere Hoffnungen sind wie Seifenblasen

Idee und Gestaltung

Hoffnung ist ein Grundmotiv unseres christlichen Glaubens. Hoffnung befreit uns von der zwanghaften Verstrickung in vorgegebene Sachzwänge, sie bestärkt uns, in der Nachfolge Christi gestaltend und verantwortungsbewußt Gegebenheiten zu verändern. Hoffnung gibt unserer Lebensführung eine besondere Würde und eröffnet uns neue Perspektiven für unser Lebensziel.

Diese theologisch bedeutsame Grundkategorie Hoffnung soll im Familiengottesdienst gleichsam spielerisch veranschaulicht und verlebendigt werden. Ein geeignetes Mittel sind Seifenblasen. Sie faszinieren nicht nur Kinder, sondern auch Erwachsene lassen sich gern vom Glanz einer Seifenblase verzaubern. So selbstverständlich jedoch, wie Kinder mit »Pustefix« spielen und Seifenblasen bestaunen, so riskant erscheint es auf den ersten Blick, dieses Motiv konkret in einen Familiengottesdienst zu überführen. Dennoch möchten wir dazu Mut machen. Denn wir haben erlebt, daß (bei guter Vorbereitung und mit etwas Umsicht) das Spiel mit Seifenblasen mitten im Gottesdienstgeschehen, mitten in der Kirche ein besonders eindrückliches Gestaltungsmittel ist.

Darum steht im Mittelpunkt des Aktionsteils dieses Familiengottesdienstes das »Spiel der Freude mit den Seifenblasen«.

Seifenblasen sind ein schillerndes Symbol. Denn: sie zerplatzen. Hoffnungen zerplatzen wie Seifenblasen, das ist die Negativ-Seite des Symbols. Sie sollte nicht unterdrückt werden, sondern ausgesprochen und positiv gewendet werden: Die Zerbrechlichkeit von Hoffnungen und Enttäuschungen und der Mut zu neuer Hoffnung gehören zusammen. Zumal, wenn ein solcher Gottesdienst Auftakt zu einem heiteren und fröhlichen Gemeindefest ist, bietet sich ein spielerisch fröhlicher Zugang im Gottesdienst durchaus an und ist tragfähig – auch über den Gottesdienst hinaus.

Durchführung

Vor dem Gottesdienst müssen genügend Dosen mit Seifenwasser (»Pustefix«) bereitgestellt sein. Mindestens sechs bis acht Helfer sollten bereitstehen, die das Pustefix verteilen und bei der Durchführung der Aktion für Ruhe und Konzentration sorgen – und Kindern helfen können, die zum ersten Mal Seifenblasen pusten. Für den Schlußteil der Aktion (»Hoffnungen haben Namen«) braucht man fünf Personen, die stellvertretend für verschiedene Gruppierungen in der Gemeinde sprechen: ein Kind, ein Jugendlicher, ein(e) Kindergärtner(in), Eltern, ein älterer Mensch. Schließlich muß ein zentraler Platz im Gottesdienstraum gewählt werden, wo die Aktion stattfinden kann. Bei uns war es der Altarraum (besonders die bunten Altarfenster gaben den Seifenblasen einen eigenartigen Glanz); es ist aber auch der Mittelgang einer Kirche als Handlungsort möglich – oder eventuell die Empore. Manchmal bietet es sich an, mehrere Plätze vorzusehen und in jeweils kleineren Gruppen die Aktion dort gleichzeitig durchzuführen. Dann sind allerdings mehr Helfer nötig. Unerläßlich ist es, die Aktion vorher an Ort und Stelle durchzuprobieren. Im Aktionsteil selbst sollten die Kinder einbezogen werden, die an diesem Sonntag im Gottesdienst sind. (Wichtig: Um bittere Tränen zu vermeiden, lieber einige Pustefix-Dosen zu viel besorgen!)

Musikalisches Vorspiel

Chor: Sonne der Gerechtigkeit

Begrüßung

Lied: Die güldne Sonne voll Freud und Wonne *(EKG 346, 1. 3. 4)*
oder: **Die helle Sonn leucht jetzt herfür** *(GL 667, 1–4)*

Eingangsworte

Psalmwort
Es kommt der Tag,
da nimmt der Herr selbst
die Sache in die Hand.
Dann werden wir sein wie Träumende,
lachen werden wir aus vollem Herzen
und unsere Freude laut hinausschreien.
Dann geht unter den Heiden des Gerede los:
»Da muß etwas ganz Außergewöhnliches passiert sein«.
Ja, es stimmt:
Der Herr hat unglaublich Gutes uns getan.

Darum sind wir so ausgelassen und fröhlich.
Herr, bring zurück all unsere Gefangenen,
so, wie du nach angstvoller Nacht
einen hellfließenden Morgen wiederbringst.
Die mit Tränen säen,
werden mit Freuden ernten.
Wir beweinen unsere Unfähigkeit und Schwäche,
und bei der Ernte, wenn du alles nach Hause holst,
dann kommen wir mit Freude. *(Ps 126)*

Kanon: Lobet und preiset, ihr Völker, den Herrn *(GL 282)*

Lesung

Es war eine ganz normale Stadt. Dicke Mauern rundherum, enge Straßen, ein Marktplatz, Menschen, die mit dem Leben in dieser Stadt zufrieden waren – selbst, wenn so gut wie gar nichts passierte. Diese Stadt lag am Meer, und die Leute lebten vom Handel.

75 Jahre war Abraham, ein älterer Einwohner in dieser Stadt, 75 Jahre alt war er geworden. Grund genug, sich zur Ruhe zu setzen, die Handwerksgeräte aus der Hand zu geben, alles beim alten zu lassen. Abraham, der alte Mann, ist verheiratet, er hat aber keine Kinder. Als Ruheständler hätte er leben können, den Tagen gelangweilt zuschauen, na, was manche alte Leute so machen – nur keine Eile, nur keine Unruhe. Aber Abraham war unruhig. Er hatte einen Traum. Und mit Träumen wußten die Menschen damals besser umzugehen als wir heute. Sein Traum – das war eine merkwürdige Vision. Eine große Zukunft in einem ganz anderen Land.

Abraham, der weißhaarige Pensionär, der eigentlich auf die Parkbank gehörte und sich langweilen müßte – er dachte nicht daran. Abraham wurde unruhig. Ihm wurde alles zu eng in dieser Stadt. Er mochte seine Nachbarn, diese langweiligen, ziellos und planlos in den Tag lebenden Menschen nicht mehr sehen, diese oberflächlichen und nutzlosen Gespräche, diese Gleichgültigkeit – es passierte nichts. Sie konnten sich nicht begeistern, alles ging seinen gewohnten Gang. Heimlich gestand er seiner Frau Sara: »Du, ich halt das hier nicht mehr aus. Ich werde hier verrückt.« »Du alter Unruhegeist – gibst du nicht einmal im Alter Ruhe? Die Leute halten uns für verrückt, wenn wir die Stadt verlassen und uns auf Wanderschaft begeben – in unserem Alter. Wir sind doch keine Hippies, keine Weltenbummler, zum Ausflippen sind wir nun wirklich zu alt.«

Und in den nächsten Tagen versuchte Abraham tatsächlich, sich mit allem abzufinden, übte sich in Gleichmut und Langeweile, Oberflächlichkeit und Behäbigkeit. Aber – nein, lieber für verrückt erklärt werden – als lebendig begraben sein. Das mache ich nicht mehr mit, sagte sich Abraham. Mir bleiben nur noch ein paar

Jahre zum Leben. Ein bißchen Essen, ein bißchen Trinken, ein bißchen Schlafen, ein bißchen Vergnügen, damit soll ich mich abfinden? Anders leben die Fische auch nicht. Nein. Jetzt ist Schluß.
Und heimlich bereitete er seinen Auszug vor. Den Traum seines Lebens, eine zarte, stille Hoffnung, eine glitzernde, empfindliche Hoffnung - würde sie überhaupt halten? Mir ist hier alles zuwider, sagte er. Und die Nachbarn, die hielten ihn alle für verrückt. Jetzt dreht er völlig durch. Und wieder andere: Wenn der in dem Alter noch abhaut, dann muß das schon seinen Grund haben. Vielleicht hat er ja was ausgefressen, und wir sind ihm auf der Spur. Schließlich, als Abraham mit seiner Frau auszog, da standen sie Spalier - der reinste Spießrutenlauf. Sie hänselten ihn, zogen über ihn her. Erst draußen vor der Stadt hatte er schließlich seine Ruhe. Und als sie wirklich alle Brücken hinter sich abgebrochen hatten, die Stadt ganz in der Ferne im Abendnebel verging, sagte Abraham, zur Sonne hin gewendet: Sara! Ich fühle mich wie neugeboren. Als hätte ich eben gerade erst angefangen zu leben. So zog Abraham seinem Traum nach - nicht einmal die genaue Richtung wußte er.
Und der Herr sprach zu Abraham: Geh aus deinem Vaterland und von deiner Verwandtschaft und aus deines Vaters Haus in ein Land, das ich dir zeigen werde. Ich will segnen, die dich segnen, und verfluchen, die dich verfluchen; und in dir sollen gesegnet werden alle Geschlechter auf Erden. Da zog Abraham aus, wie der Herr zu ihm gesagt hatte.
(Gen 12, 1-4a)

Lied: Hört, wen Jesus glücklich preist *(tvd B 7)*

Aktion

SPIEL MIT SEIFENBLASEN

Dieser Tag, dieser Gottesdienst will uns alle zur Freude einladen, und ich glaube, wir alle können diese Einladung gut gebrauchen: Denn in dem, was wir so Tag für Tag tun, was wir tun müssen, da fehlt uns oft die Freude. Der Ernst, die Belastungen, die überwiegen. Da merken wir oft gar nicht mehr, daß wir eigentlich viel Anlaß zur Freude haben, daß das Leben schön ist und uns glücklich machen kann.
Wir können uns freuen, daß wir heute in einer so großen Gemeinschaft hier zusammen sind, Kinder, Erwachsene, Alte und Junge. Wann haben wir in unserem Leben schon solche Erfahrungen?
Und wir können uns auch freuen auf das Sommerfest, auf die Gemeinsamkeit, die Spiele - auf all das, was uns nach diesem Gottesdienst erwartet.
Also Grund genug zur Freude; aber vielleicht geht das viel besser, wenn ich nicht rede, sondern wenn wir erfahren, mitbekommen, was uns Freude macht.

Ich glaube, da können wir sehr viel von euch Kindern lernen. Ihr wißt nämlich viel besser als wir Erwachsenen, was Freude macht. Einfach spielen, weil wir oft zu ernst sind und immer danach fragen, ob es einen Sinn hat. Spielen, weil wir unter dem Druck, alles selbst leisten zu müssen, oft so verkrampft sind. Einfach spielen, weil wir oft so wenig Zeit haben, schon gar nicht zum Spielen.
Und wenn wir vielleicht fragen, was Freude und Spiel denn mit und in der Kirche zu tun haben, dann möchte ich sagen: Ich glaube, wir dürfen spielen, weil Gott kein Spieler ist, weil er uns ernst nimmt und uns eine große Hoffnung gibt. *Gott* ist ganz für uns da, er schenkt uns so viel, er ist unser Vater. Darum können *wir* freier, gelassener, spielerischer leben.
Deshalb möchte ich auch jetzt alle Kinder bitten, aus den Bankreihen herauszukommen. Einige in den Mittelgang, einige auf die Empore und auf die Kanzel, und hier vorn im Altarraum ist auch viel Platz. Wir wollen ein Spiel spielen, das allen Kindern Spaß macht und an dem wir Erwachsenen als Kinder auch Spaß gehabt haben: das Spiel mit den Seifenblasen.
(Austeilen der Pustefix-Behälter)
Jetzt wollen wir einmal alle zusammen ganz vorsichtig pusten und in der Kirche viele, große, bunt schimmernde Seifenblasen schweben lassen.
Schön sieht das aus, wie in diesem großen, hohen Raum so viele Seifenblasen schweben, große und kleine, manche ganz ruhig, die anderen schwanken hin und her. Es macht Spaß, ihnen nachzusehen, wie sie schimmern und steigen und fallen.
Und während ihr Kinder ruhig noch weiterpustet, wollen wir gemeinsam ein Lied der Freude über den Sommer, die Natur singen, zum Lob dessen, der uns die Natur schenkt, die uns umgibt.

Lied: Geh aus, mein Herz *(EKG 371, 1)*

Beobachtungen
Ob euch das aufgefallen ist: Seifenblasen sind richtig durchsichtig, sie stehen niemandem im Weg. Das, was vor ihnen ist, das spiegelt sich in ihnen bunt wider, und das, was hinter ihnen ist, das scheint durch. Und wenn die Seifenblasen von dem Licht beschienen werden, das durch die bunten Fenster kommt, dann verfärben sie sich, werden noch bunter, faszinieren uns. Und plötzlich sehen wir viel mehr, als wir vorher vermuteten.

Lied: Die Bäume stehen voller Laub *(Vers 2)*

Beobachtungen
Seht ihr diese Seifenblasen? Wie von unsichtbaren Fäden gehalten, schweben sie langsam von oben herab. Sie wirken ganz zerbrechlich, zart, aber vielleicht sind sie

gerade deshalb so schön. Platzen tun sie alle – wenn sie an einen harten Gegenstand stoßen, an eine Bank, an einen Kopf, auf den Boden. Und danach scheint es so, als wäre nichts gewesen. Aber wir alle wissen, daß da etwas war, eine schöne Blase, die wir auf ihrem Weg verfolgt haben. Was wir bewußt wahrnehmen, das ist nicht einfach weg, das gehört zu uns, prägt uns.

Lied: Die Lerche schwingt sich in die Luft *(Vers 3)*

Meditation

Wir haben das Spiel mit den Seifenblasen gespielt und miterlebt. Das macht Spaß, dieses Pusten und Verfolgen der glitzernden Dinger. Aber da ist noch irgendetwas anderes – wenn wir den Seifenblasen nachdenken, noch etwas anderes als nur Spaß. Wir wollen noch einmal alle pusten und den Seifenblasen nachsinnen.

1

Gedanken, die Menschen bewegen, sind in Zeichnungen oft als Blasen gezeichnet. An Träume und Hoffnungen denke ich, die wir auch wie Blasen aus uns heraussetzen. Sie schweben vor uns her, ihnen nach geht unser Blick. Wir verfolgen sie, sie verfolgen uns. Seifenblasen, diese zarten, schillernden Gebilde – sie erinnern mich an die Hoffnungen, die uns bewegen, an die Träume, die uns faszinieren.

Hoffnungen – sie schillern wie Seifenblasen. Es kommt immer darauf an, in welchem Licht wir sie sehen.

Hoffnungen – sie sind zart und empfindlich wie Seifenblasen. Sie können zerstört werden durch die Realität, durch harte Tatsachen.

Hoffnungen – sie lassen sich so wenig einfangen wie diese Seifenblasen. Wir können ihnen folgen, sie aber nicht dingfest machen, ablegen zu den Akten, einpacken in den Koffer. Sie bleiben immer außerhalb von uns.

Hoffnungen – sie sind schön wie Seifenblasen, sie faszinieren uns. Wir brauchen diese Sehnsucht nach dem Ganzen, dem Vollkommenen, dem Schönen.

2

Und doch heißt es auch unter uns: Hoffnungen zerplatzen wie Seifenblasen. Wenn wir so denken, fühlen und sprechen, wie oft sehen wir dann nur das Negative, das Zerstörbare und Zerstörte von Seifenblasen und von Hoffnungen. Das Ende: wo sie zerplatzen, wo nichts mehr ist, wo wir Leere und Enttäuschung spüren.

Wir können sagen: Schön sind sie, diese zarten Seifengebilde. Und wir können sagen: Schade eigentlich, sinnlos, denn jetzt sind sie kaputt, nichts ist mehr da.

Wir können sagen: Schön ist es, wenn noch Hoffnungen da sind, die uns faszinieren, die unser Leben in einem anderen Licht erscheinen lassen. Und wir können sagen: Ich bin enttäuscht, meine Hoffnungen haben sich nicht erfüllt.

Sinnlos ist es also, mit Hoffnungen zu leben. Denn sie werden doch zerstört.

Schön ist es, mit Hoffnungen zu leben, denn wir alle leben von der Sehnsucht nach dem Ganzen, dem Heilen. Unsere Hoffnungen machen unser Leben leichter, lassen uns aufsehen, nach vorn blicken. Es kommt darauf an, von welcher Seite wir unsere Hoffnungen sehen, was für uns wichtig ist, was in unserem Leben zerstört und vergangen ist – oder das, was uns an Schönem und Faszinierendem begegnet und noch weiter begegnen wird: Hoffnungen sind wie Seifenblasen.

3

Keiner kann sagen, wozu das Spiel mit den Seifenblasen nützlich ist. Aber wir können erfahren: Es macht Spaß, ihnen zu folgen, sie anzusehen. Sie zerplatzen, aber da bleibt doch etwas: ein schöner Augenblick, ein Eindruck, der jetzt zu uns gehört. Und es kann auch keiner sagen, wozu die Hoffnungen, mit denen wir spielen, an denen wir hängen, wozu die direkt zu gebrauchen sind. Aber wir leben mit ihnen, wir folgen ihnen nach, sie halten uns in Bewegung und ziehen unser Leben in ihren Bann. Unsere Sehnsüchte, Wünsche, unsere Hoffnungen, nicht immer haben sie Bestand. Aber sie prägen unser Leben und verändern die Welt.

Hoffnungen, sie sind verletzliche Gebilde in einer Welt, die nur nach den Tatsachen und dem heute Machbaren schielt. Aber Hoffnungen sind nicht namenlos. Wir können sie benennen, uns gegenseitig mitteilen. So werden Hoffnungen gemeinsame Hoffnungen, getragen von uns allen, auch und gerade in einer Welt, die für solche Hoffnungen wenig Raum zu haben scheint.

HOFFNUNGEN HABEN NAMEN

Kind

Meine Hoffnung heißt Freundschaft. Daß alle Kinder Freunde haben und keins allein ist. Und daß auch die vielen türkischen Kinder, die in unserer Stadt wohnen, nicht allein für sich bleiben. Auch sie sollen Freunde mit uns sein.

Jugendlicher

Meine Hoffnung heißt: daß alle Jugendlichen einen Beruf finden, der ihnen Spaß macht, daß keiner Angst haben muß, ohne Arbeit zu sein. Denn es ist sehr schwer, mit dem Gefühl zu leben, daß man nicht gebraucht wird.

Kindergärtnerin

Meine Hoffnung ist, daß wir uns alle verantwortlich fühlen für die Zukunft der Welt, in die unsere Kinder hineinwachsen. Daß wir nicht so kurzsichtig nur ans Heute denken, sondern dafür sorgen, daß unsere Welt auch morgen noch schön ist und es unseren Kindern Spaß macht, in ihr zu leben.

Eltern

Meine Hoffnung heißt: daß wir in unseren Kindern ein gutes Fundament an Liebe und Vertrauen schaffen. Dann können unsere Kinder später auch Liebe und Vertrauen an andere weitergeben und so dazu beitragen, daß es unter uns menschlich zugeht.

Pastor

Meine Hoffnung ist, daß wir als Gemeinde Jesu für die Menschen hier in Bottrop Hoffnung darstellen und entwickeln können. Daß wir, so wie wir leben, so wie wir miteinander umgehen, so wie wir glauben, anderen Menschen Mut machen und ihnen zu einem lohnenden Angebot solidarischen Lebens werden.

Seniorin

Meine Hoffnung ist, daß wir einmal so leben werden, daß kein älterer Mensch mehr das Gefühl hat, überflüssig zu sein. Daß wir nicht mehr uns danach beurteilen, was wir leisten, sondern uns fragen, was wir miteinander und füreinander tun können. Und deshalb hoffe ich, daß Menschen auch im Alter offen und veränderungsbereit sind. So werden Grenzen überwunden, so kann Gemeinschaft trotz der vielen Unterschiede unter uns möglich werden.

Lied: Kind, du bist uns anvertraut *(vgl. Seite 46)*

Taufe

Gebet

Herr, laß uns wieder träumen,
wir sind viel zu hastig, vergessen alle zarten Träume,
überhören alle stillen Nachrichten, übersehen alle feinen Zeichen.
Herr, laß uns wieder träumen.
Herr, laß uns wieder spielen,
ach, wir sind viel zu verbissen, wollen nur tun, was sich lohnt,
wir sind ein Gebrauchsgegenstand, ausnutzbar,
abnutzbar und schließlich wertlos.
Herr, laß uns wieder spielen.
Herr, laß uns wieder feiern,
ach, es ist so trostlos sonst, die Arbeit, die Schule,
das Mißtrauen, der blinde Eifer, die ruhelose Angst.
Herr, laß uns wieder feiern.
Herr, laß uns wieder danken,
ach, wir können so wenig absehen von uns selbst,
wir wollen alles selber machen – und machen uns nur selbst kaputt.
Herr, laß uns wieder danken. Amen.

Vater unser

So, wie unsere Hoffnung weiterreicht als die Zeit dieses Gottesdienstes, so reicht auch unsere Verantwortung für das Leben von Kindern über diese Kinder, die wir heute getauft haben, hinaus.

Wir können Kindern in der Dritten Welt eine große Hoffnung sein, weil wir selbst große Möglichkeiten haben, zu helfen. Wir können den Mut haben, zu helfen, weil wir es in der Hoffnung tun, nicht nur einen Tropfen auf den heißen Stein zu geben, sondern zu helfen, damit diese Kinder sich später selbst helfen können. Deshalb wollen wir mit unserer heutigen Kollekte ein christliches Kinderdorf in Südindien unterstützen ...

Segen

Lied: Nun danket alle Gott *(EKG 228, 1–3; GL 266)*

Musik zum Ausgang

Technik und Vorbereitung

Die technische Vorbereitung dieses Gottesdienstes ist minimal. Es braucht lediglich genügend »Pustefix« besorgt werden. Ratsam sind Rücksprachen mit dem Küster (etwa wegen des Fußbodens bei Seifenwasser). Außerdem ist es wichtig, daß die Seifenblasen von allen Gottesdienstbesuchern wirklich gesehen werden können, also gleichsam den gottesdienstlichen Raum erfüllen. Es ist sinnvoll, gerade die Lieder dieses Gottesdienstes vorher mit den Kindern/mit der Gemeinde einzuüben.

2. Fest des Friedens

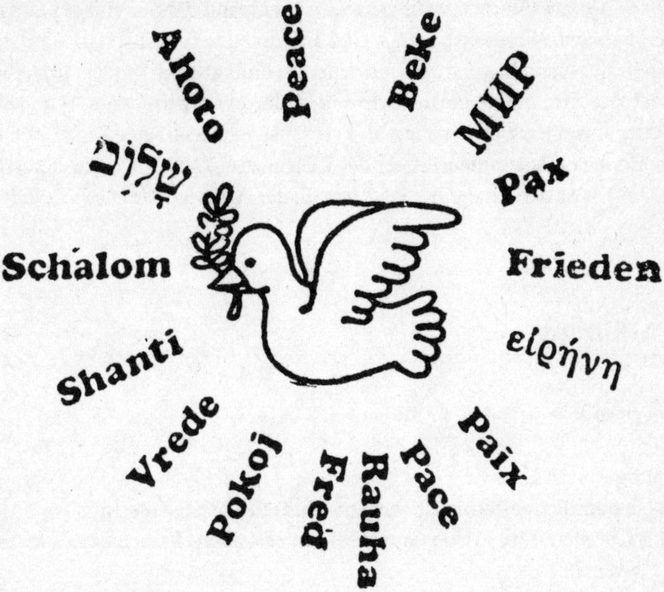

Idee und Gestaltung

Der Gottesdienst fand statt zu der Zeit, als die Friedensbewegung stark wuchs und das Friedensthema viele Diskussionen bestimmte. Unser Ziel war es, gerade die zum Sommerfest versammelte volkskirchliche Gemeinde auf dieses Thema hin anzusprechen und deutlich zu machen, daß die christliche Botschaft davon in ihrem Zentrum betroffen ist. Wo ein Fest die Gemeinschaft unter den Beteiligten stärkt, da soll auch der Hintergrund der Friedlosigkeit unserer Welt angesprochen werden, der Horizont, angesichts dessen wir Gemeinschaft, Frieden suchen. Frieden als Thema der christlichen Botschaft wurde in seinen verschiedenen Dimensionen angesprochen: persönlich, gemeinschaftlich, politisch. Damit sind unsere eigenen Grenzen überschritten.
Dies wird auch deutlich in den einzelnen Elementen des Gottesdienstes: So wie jeder mit seinem Beitrag einen Teil der Gemeinschaft bildet, so wie die Fülle der einzelnen Friedenswünsche (Plakatwand) Frieden in seiner Vielfalt deutlich werden läßt, so schicken wir unsere Friedensgrüße hinaus zu Menschen, die wir nicht kennen und wohl auch nicht kennenlernen werden, die wir aber doch erfreuen oder gar ermutigen können (Ballonaktion). Die Kollekte des Gottesdienstes wie

auch der Erlös des Gemeindefestes waren für die Aufbauarbeit in Nicaragua bestimmt; Informationen dazu bot eine kleine Ausstellung auf dem Kirchplatz. Grundlage der Erzählung war die Noahgeschichte mit der Sintflut des Unfriedens und der Taube als Friedensbotin. – Daß Frieden nur da entstehen kann, wo alle einen Beitrag leisten, das wurde sichtbar an der Plakatwand mit den Friedenswünschen der Konfirmanden, die in Form eines Puzzles aufgetragen waren. – Die Beiträge jedes einzelnen wurden dann als Friedenswunsch auf eine Karte geschrieben und am Ende des Gottesdienstes vor der Kirche an einem Luftballon befestigt und abgeschickt. Vor der Kirche fand dann auch der Abschluß des Gottesdienstes mit dem Segen statt.

Durchführung

Eingangsmusik

Begrüßung

Zu diesem Familiengottesdienst heute möchte ich alle begrüßen mit dem Friedensgruß der Christen: Der Friede Gottes sei mit uns allen! Er mache uns zu Helfern seines Friedens.

Den Frieden wollen wir heute feiern: von ihm sprechen wir; von ihm singen wir neue Lieder; um den Frieden wollen wir bitten; Friedensgrüße an andere Menschen wollen wir losschicken.

Ein Fest des Friedens wollen wir an diesem Tag feiern, unser Gemeindefest. Es soll uns verbinden zu einer großen, fröhlichen, feiernden, singenden Gemeinschaft – rund um die Martinskirche, den ganzen Tag.

Alle Menschen sehnen sich nach *Frieden.* Dieses eine Wort ist auf den Programmen für diesen Gottesdienst in 15 verschiedenen Sprachen abgedruckt; manche dieser Sprachen kennen wir, viele sind uns fremd und unbekannt *(einige Worte werden vorgelesen)* . . .

Den Wunsch nach Frieden wollen wir in diesem Gottesdienst aufnehmen. Dabei soll uns ein Zeichen begleiten: die Friedenstaube, hier als Schmuck in der Kirche, auf den Programmen, nachher auf den Ballons, die wir losschicken werden. Das Zeichen der Friedenstaube erinnert uns daran, daß wir nicht allein einfach Frieden machen können, sondern daß wir Hilfe brauchen von Gott, dem Friedensstifter. Er verbindet alle Völker mit ihren verschiedenen Sprachen, damit alle erfahren, was Frieden heißt oder auch Schalom.

So wollen wir heute nicht nur den Frieden feiern, der unter uns wächst, sondern wir wollen auch dazu beitragen, daß der Frieden dort wächst, wo Menschen unter Unfrieden zu leiden haben: In Nicaragua ist es den Menschen gelungen, das Joch der Diktatur abzuwerfen. Aber noch ist kein Frieden. Das Land ist zerstört und ausgeplündert, den Menschen fehlt es am Nötigsten. – Wir wollen mit unserer Kollekte und mit dem gesamten Erlös unseres Sommerfestes dazu beitragen, daß Frieden wachsen kann auch in Nicaragua, daß die jungen Menschen eine Ausbildung erhalten, die Landwirtschaft wieder aufgebaut, Fabriken errichtet werden können. Unser Beitrag dazu ist auch ein Beitrag zum Frieden.

Lied: Geh aus, mein Herz *(EKG 371, 1.2.8)*

Eingangsworte

Gebet

Vater im Himmel,
ich möcht' gern eine Friedenstaube sein,
hinausfliegen und einen Zweig des Friedens suchen,
mich nicht aufhalten lassen durch Streß und Streit,
hinausfliegen aus zu hohen Erwartungen,
hinwegfliegen über die Mauern zwischen Menschen,
und einen Zweig des Friedens finden
in allen Sprachen,
auf allen Plätzen,
in jeder Faser meines Körpers.
Ich möcht' gern eine Friedenstaube sein
und Frieden bringen wie einen blühenden Zweig,
Frieden, da wo heute noch Waffen gebaut werden,
Frieden, da wo heute noch Mißtrauen herrscht,
Frieden, da wo heute noch Selbstverzweiflung regiert.
Amen.

Lied: Neue Hoffnung, neues Leben *(tvd B 103)*

Biblische Erzählung

WENN ES UNFRIEDEN REGNET

Manche hielten ihn ja, ehrlich gesagt, für einen Spinner. Und sie hatten ihre Gründe. Nicht, daß er unfreundlich war – im Gegenteil: ein herzensguter, zufriedener und fast immer freundlicher Zeitgenosse war er. Nur – er hatte eben so seine Macken. Er hörte das Gras wachsen. Wenn irgendetwas Gefährliches in der Luft lag, der Herr Noah – so hieß er – hatte dafür ein ganz besonderes Gespür.
Seine Nachbarn und Mitbürger nahmen das alles nicht so tragisch. Aber Herr Noah ließ sich nicht beirren. »Merkt ihr denn nicht«, so sagte er oft, »merkt ihr nicht, daß es Unfrieden regnet? Wie soll das denn noch enden?«

Außerdem war Herr Noah ein ziemlich frommer Mann. Und auch das förderte nicht gerade sein Ansehen. Ein Sonderling – sagten die Leute. Manche hatten ihn sogar beten gehört. Und das tat er nicht nur in seiner Wohnung oder in der Kirche. Manchmal betete er sogar unter freiem Himmel in seinem Garten. Eigenartige Gebete übrigens. Nicht so schön feierlich wie in der Kirche. Das waren handfeste Gespräche – nur eben, daß man nur die eine Hälfte des Gesprächs hörte. Und wenn irgendwelche Leute das zufällig hörten, dann lachten und spotteten sie kräftig: »Er führt wieder Selbstgespräche in seinem Oberstübchen.«

Nach solchen Gebeten war Herr Noah manchmal ziemlich erregt. Er beschwor seine Nachbarn und Bekannten, sogar wildfremde Leute: »Besinnt euch doch endlich! Macht Schluß mit dem Streit und dem Unfrieden!« Aber sie lachten meist und sagten: So schlimm ist es nun auch wieder nicht. Das gehört doch dazu. Nur Herr Noah bestand darauf und sagte: »Nein, das geht nicht mehr lange gut. Gott ist ärgerlich über die Menschen. Irgendwann kommt das zur Katastrophe.«

Und es regnete weiter Unfrieden: Hier stritten sich Eheleute, manchmal nur über Kleinigkeiten, da beschimpften sich Nachbarn, hier machten sich die Leute gegenseitig fertig. Da kehrten Politiker ihren ganzen Stolz heraus und rasselten mit den Säbeln, spielten den starken Mann. Noahs Ermahnungen und Warnungen hatten gar keinen Sinn. Niemand kümmerte sich darum. Es ging alles seinen gewohnten Gang.

Kurze Zeit später – Noah hatte wieder gebetet – war er sehr aufgebracht. Sein freundlich rundliches Gesicht war blaß geworden, seine Augen erschrocken. Er machte einen letzten Versuch, sich verständlich zu machen: »He, hört, ihr Leute, Gott spielt nicht mehr mit. Es ist aus und vorbei.« Aber damit machte sich Noah vollends lächerlich.

Als er dann schließlich anfing, auf einem Feld einen riesigen Kasten zu bauen, wie einen schwerfälligen Kahn – da hatte er es sich mit all seinen Nachbarn verscherzt. »Jetzt ist er endgültig durchgedreht«, sagten die meisten. Und nicht wenige spotteten unverblümt: »Du sitzt mit deinem ollen Kahn ganz schön auf dem Trocknen. Willst wohl gern Käp'tn werden, was!«

Noah rührte das alles jetzt nicht mehr. Er baute still vor sich hin, und als er fertig war mit seinem Kasten, da zog er sich mit seiner Familie und seinen Verwandten und vielen Tieren in diesen Kasten zurück. Draußen, jenseits der Arche, die da auf dem trocknen Acker stand, da gingen der Streit und der Spott lustig weiter. Weiter ging der Unfriede; jeder machte jedem zu schaffen, man ärgerte sich, hetzte den nächsten auf – ein erbärmliches Leben. Nur in der kleinen Arche, in dieser Kiste aus Holz und Gottvertrauen, da war es friedlich, herzlich, gemütlich und menschlich. Und dann fing es auch noch richtig an zu regnen. Später goß es in Strömen, dann schüttete es. Erst gab es ein paar Pfützen, dann standen die Häuser unter Wasser.

Die Bewohner verließen die Häuser, verzogen sich in die Berge. Auf dem matschigen Feld blieb nur die kleine Arche zurück, diese Kiste aus Holz und Gottvertrauen. Dann war schließlich das ganze Land überschwemmt, eine richtige Sintflut, nur die Spitzen der Berge schauten noch aus dem Wasser, überfüllt von Menschen, die sich hier noch retten wollten. Da, wo früher das Tal war, da schwamm jetzt die kleine Arche. Nach vierzig Tagen und vierzig Nächten waren auch die letzten Berggipfel überschwemmt, nur Wasser, kein Fußbreit Land mehr zu sehen. Wochen dauerte es, bis die Flut wieder abgelaufen war, das Wasser sank langsam. Da schickte Noah einen Vogel hinaus, um Land zu suchen, ein Flecken Erde, ein Stückchen Frieden. Sie kam zurück - nichts hatte sie gefunden. Nach sieben Tagen schließlich schickte Noah eine kleine Taube. Bis zum Abend wartete er gespannt am Fenster der kleinen Arche, dieser Kiste aus Holz und Gottvertrauen. Da kam die Taube in der Dämmerung zurück. In ihrem Schnabel hatte sie einen kleinen Zweig: das erste Zeichen des Friedens. Und über dem Abendhimmel stand ein Regenbogen - bis heute das Zeichen des Bundes, den Gott mit Noah und seinen Nachkommen geschlossen hat: das Zeichen des Friedens.

Kanon: Der Himmel geht über allen auf *(tvd B 61; Halleluja 126)*

Ansprache

Wir haben es gehört, wir haben es gesungen: Gottes Friedensangebot gilt, es ist beständig, es wird nie aufhören und gilt allen Menschen - wie der Himmel, der über allen aufgeht, wie der Regenbogen, der Himmel und Erde verbindet - Zeichen des Friedens. Gott will uns für alle Zeiten einen Raum geben, in dem wir ohne Angst in Frieden miteinander leben können.

Und doch: Jeder von uns weiß, wie friedlos unsere Welt ist; jeden Tag merken wir neu, wie schwer es uns fällt, in Frieden miteinander zu leben.

Nun haltet doch endlich Frieden - ruft die Mutter den streitenden Kindern zu. Ist das Frieden, wenn wir unseren Ärger um der strapazierten Nerven unserer Mutter willen einfach runterschlucken?

Laß mich doch in Frieden - ein verständlicher Wunsch, aber schaffen wir uns so Frieden, wenn wir Menschen, die unsere Nähe suchen, einfach abweisen?

Wir wollen den Frieden - verkünden viele Politiker und meinen die Aufstockung ihrer Rüstungshaushalte.

Kann so Frieden werden, wenn wir immer mehr Kriegswerkzeug auf dieser Welt stapeln?

Frieden - das wäre doch wohl mehr als nur äußere Ruhe; Frieden - das müßte doch noch etwas anderes sein als Menschen abzuweisen, die von uns etwas wollen. Frieden - das meint doch mehr als die Angst vor dem militärischen Gegenschlag des Feindes.

In Frieden leben - ich glaube, das wollen wir alle, aber es fällt uns schwer, so zu

leben, daß auch wirklich Frieden, Verständnis und Anerkennung, Gerechtigkeit und Freiheit unter uns Menschen wachsen.
Deshalb haben wir Kinder und Jugendliche unserer Gemeinde gebeten, ganz konkrete Schritte zum Frieden einmal aufzuschreiben: Friedenswünsche für andere.
Was wünsche ich einem anderen Menschen? Wie kann er ein Stückchen Frieden erfahren und weitergeben? Wünsche, die dem Frieden zugute kommen; wir haben sie auf eine große Plakatwand geschrieben und wollen euch das jetzt einmal zeigen.
Es waren so viele Wünsche, daß wir nur einige hier aufschreiben konnten ...
(Auf der Plakatwand, die vorne in der Kirche steht, ist ein großes Puzzle-System aufgezeichnet, in das einige Tage zuvor Konfirmanden ihre Friedenswünsche und -grüße eingetragen haben. Dies soll eine Hilfe sein für die späteren Friedensgrüße aller Gottesdienstteilnehmer, so daß diese über allgemeine Wünsche [Gesundheit usw.] hinauskommen. – Ein Teil der Friedensgrüße der Konfirmanden wird vorgelesen ...)
- daß du deine Freizeit genießen kannst
- daß du einen guten Freund findest
- daß du dir jeden Tag 10 Minuten Ruhe gönnst
- daß du mithilfst, Lasten zu tragen
- daß du dich jemandem anvertrauen kannst
- daß du mitkämpfst für Gerechtigkeit
- ...

Vielleicht sind einige von uns überrascht oder sogar skeptisch: Das alles soll etwas mit Frieden zu tun haben, was da steht?
Ja, denn ich bin sicher, daß alles, was ihr an Wünschen und Grüßen aufgeschrieben habt, den Frieden meint, dem Frieden hilft, ihn fördert, weil Frieden mehr ist als das große Wort, die ferne Vergangenheit des Paradieses oder die unerreichbare Zukunft der neuen Schöpfung. In Frieden miteinander leben – das beginnt mit dem kleinen Schritt, mit dem einen Wunsch, mit dem konkreten Gruß. Und kein Bereich unseres Lebens bleibt draußen, denn wir brauchen ihn – den Frieden mit uns selbst, in unserem Herzen, den Frieden für unsere Familien und Nachbarn, Freunde und Kollegen, den Frieden für unsere Politik, den Frieden für unsere Welt.
Er war kein Politiker, dieser Amos; er war Viehhirt in Israel, zur Zeit des Wohlstands und der Blüte. Aber er sah, was hinter allem Wohlstand steckte, und klagte seine Landsleute an: »Ihr ruft ›Frieden, Frieden‹ – und es ist doch gar kein Frieden, Menschen werden ausgebeutet, Arme gedrückt, Fremde erniedrigt.« Frieden – das meint das Zusammenleben in unserem Land, Frieden meint: Gerechtigkeit für alle, kein Wohlstand auf Kosten anderer, keine Billiglohnländer: Frieden ist das, was wir tun, damit andere leben können.

50 Jahre nach Amos – Micha hat die bittere Erfahrung gemacht, daß das Vertrauen in Waffen und Rüstung in die Katastrophe führt: Er ahnt, daß durch Rüstung und Krieg Frieden niemals möglich sein wird. Er sagt den Menschen, wie wirklicher Frieden aussehen wird:
»Die Völker werden ihre Schwerter zu Pflugscharen und ihre Spieße zu Sicheln machen, keiner wird mehr lernen, Krieg zu führen, und sie werden in einem großen gemeinsamen Land, in einer Welt leben.« –
Und Menschen versuchen heute, für diesen Frieden zu leben: Sie erklären, ohne den Schutz militärischer Hochrüstung leben zu wollen, sie fordern mehr Geld für Entwicklungshilfe statt für die Rüstung; Kinder werfen ihr Kriegsspielzeug fort – spielen gemeinsam Spiele des Friedens ...
Und wenn in jedem von uns doch noch die Angst steckt vor dem, was der andere macht? Wenn ich doch noch ständig Sorge habe, zu kurz zu kommen? Wenn ich doch noch immer lieber auf kritischen Abstand zum anderen bleibe? Wenn ich noch immer mit mir selbst im Unfrieden lebe?
Wie soll dann Frieden werden?
Krieg – das ist ja auch der Streit unter uns, denn wenn wir streiten, dann sehen wir im anderen unseren Feind. Krieg, das ist auch die Anklage, denn sie zwingt den anderen, sich zu verteidigen. Lüge ist Krieg, denn sie ist der Versuch, mit dem anderen fertigzuwerden.
»Selig sind die Friedensstifter, denn sie werden Kinder Gottes sein.« Nur wenige haben Jesus damals verstanden, den Mann aus Nazaret, als er so etwas sagte, wenige – aber die hatten es am eigenen Leib erfahren:
Frieden schaffen – das meint: Da kommt einer, der mich annimmt und mir hilft, daß ich mich selbst bejahen kann.
Frieden erfahren – einer traut mir zu, daß ich neu anfangen kann, daß ich aus den Fesseln meines Lebens herauskomme.
Frieden schaffen – das heißt: Ich zeige dem anderen, daß ich ihn gern habe, ich vertraue ihm, lege Vergangenes weg.
Frieden schaffen – das heißt: ohne Angst leben und dem anderen wirklich Gutes zutrauen: »Selig sind die Friedensstifter«.
Glücklich sind wir, wenn wir uns mit unserem Leben aussöhnen, aus dem Frieden Gottes leben.
Glücklich werden wir, wenn wir den ersten Schritt tun, wenn wir anderen zur Versöhnung und zum Frieden verhelfen.
Glücklich können wir so sein, weil uns der Frieden Gottes begleitet. Darum brauchen wir nicht toternst unter der Last des Friedenswerkes stöhnen. Sondern wir können zusammen feiern – das Fest des Friedens, die Erfahrung der Versöhnung, heute und an jedem Tag. Amen.

Lied: Halleluja *(tvd B 20; Halleluja 12)*

DER FRIEDEN IST WIE EIN GROSSES PUZZLESPIEL

Wir haben gesprochen vom Frieden für uns selbst, vom Frieden für die Menschen, denen wir begegnen, vom Frieden für die Welt. Das eine geht nicht ohne das andere. Keiner kann für sich allein Frieden haben, keiner kann allein den Frieden schaffen.

Frieden ist wie ein großes Puzzlespiel. Er besteht aus vielen kleinen Teilen. Erst wenn alle Teile dabei sind, ist das Bild vollständig, erst wenn alle mitmachen, ist Frieden da.

Aber einzelne können anfangen. Mit einem ganz kleinen Zeichen wollen wir anfangen, heute. Jeder schreibt einen Friedenswunsch auf die Puzzlekarte, die am Eingang verteilt wurde. Was alles zum Frieden gehören kann, haben wir gesehen. Aber vielleicht haben Sie, habt ihr ja noch ganz andere Friedenswünsche ...

Wir werden diese Wünsche dann gleich losschicken: Wir binden sie an Luftballons, die ihr am Ausgang erhaltet. Wir wissen nicht, wo unser Ballon landen wird, vielleicht fliegt er weit, vielleicht landet er in der Nähe. Ein Mensch wird ihn finden, den wir nicht kennen und der uns nicht kennt. Aber wir wollen diesem Menschen etwas wünschen, was zum Frieden hilft. – Ein Wunsch für einen wildfremden Menschen. Vielleicht freut er sich darüber, vielleicht entsteht damit eine Brücke der Freude und des Friedens über Grenzen und Fremdheit hinweg.

Lied: Unser Leben sei ein Fest *(tvd B 37; Halleluja 35)*

Fürbittengebet

Ja, Herr, unser Leben sei ein Fest – und Jesu Geist in unserer Mitte! Wir bitten dich darum heute, an einem Tag, an dem wir als Gemeinde feiern und fröhlich sein wollen: Laß diesen Tag ein kleines Friedensfest werden, an dem Grenzen und Fremdheiten unter uns überwunden werden, an dem wir ein Stück Frieden bauen.

Wir wünschen uns, daß dieses Fest dann auch weiterwirkt, in die kommende Woche, in unseren Alltag als einzelne und als Gemeinde hinein.

Herr, bei unserem Feiern wollen wir *die* Menschen nicht vergessen, die auf Zeichen des Friedens warten:

– Wir denken an die Einsamen, Kranken, Sterbenden und Trauernden in unserer Gemeinde;

– wir denken an die Ehepaare, die einander fremd oder gleichgültig geworden sind und denen die Kraft oder auch der Wille fehlt, neue Brücken aufeinander zu zu bauen oder auch einfach der Mut zum ersten Schritt;

– wir denken an die Kinder, denen ein Freund fehlt, der sie gern hat und dem sie vertrauen können;

– wir denken an die Menschen in Nicaragua und anderen Ländern der Dritten Welt, für die Frieden zunächst einmal bedeutet, etwas zu essen zu bekommen,

ein Dach über dem Kopf zu haben, einen Arzt zu finden, zur Schule gehen zu können.
Gott, wir freuen uns und sind dankbar, daß es auch anderswo Menschen gibt, die es wagen, mit dem Frieden zu beginnen:
- das Ehepaar, das voller Hoffnung und guter Erwartungen die Ehe miteinander begonnen hat;
- die Familien, die ihre Kinder zur Taufe gebracht haben;
- das Volk in Nicaragua, das damit begonnen hat, sich eine neue Existenz in Freiheit, Gerechtigkeit und Menschenwürde aufzubauen.
Für uns alle erbitten wir Frieden, Schalom, wenn wir gemeinsam beten ...

Vater unser

Aktion
Und nun ziehen wir aus der Kirche hinaus. Einige mit Gitarren und Flöten ziehen voran, wir anderen folgen. Am Ausgang bekommt jeder einen Luftballon. Und dann bindet bitte euer Friedenspuzzlestück an euren Ballon und haltet ihn gut fest, damit wir alle Ballons gemeinsam starten können.
Jeder hat einen Ballon mit einem Gruß. Vielleicht erreichen wir Menschen, die sich darüber freuen, vielleicht kommt auch eine Botschaft zurück so wie bei Noah: Die Taube brachte ein Friedenszeichen. Noah wußte nicht, ob die Taube zurückkommen würde, wir wissen nicht, ob eine Antwort kommt. Aber etwas loszulassen – das ist der erste Schritt. Wir hoffen, daß es dem Frieden dient ...

Lied: Der Himmel geht über allen auf *(tvd B 61; Halleluja 126)*

Segen

Kanon: Schalom chawerim *(Halleluja 45)*

Technik und Vorbereitung

Vorn in der Kirche steht bzw. hängt eine *Plakatwand* (ca. 150 × 200 cm), auf der mit dickem Filzstift Puzzle-Teile aufgetragen sind. *Konfirmanden* haben in der Woche vorher in die einzelnen Puzzle-Teile ihre Friedenswünsche eingetragen; einige Puzzle-Teile können dabei durchaus leer bleiben. – Am Eingang der Kirche erhält jeder Gottesdienstteilnehmer von *Konfirmanden* eine *Friedensgrußkarte* und einen *Bleistift* (u. U. empfiehlt es sich, die Bleistifte erst während der Schreib-

aktion selbst von Helfern verteilen zu lassen; die Karten müssen oben gelocht sein). – Unmittelbar vor dem Gottesdienst werden *Luftballons* in entsprechender Anzahl mit Gas gefüllt. (Es hat keinen Zweck, die Ballons schon am Vorabend mit Gas zu füllen. Sie sind am nächsten Morgen schlapp und fliegen nicht!) Sie tragen als Aufdruck die Taube mit den Friedensworten, die auch auf dem Programm erscheint. In der Regel wissen Spielwarengroßhändler oder Werbefirmen, wo man solche Aufdrucke herstellen lassen kann. An jedem Ballon ist ein *Band* angebracht, an dem später die Grußkarte befestigt wird. – Je nach örtlichen Gegebenheiten kann eine *Lautsprecheranlage* vor der Kirche für den Abschluß mit dem Ballonstart hilfreich sein.
An *Mitarbeitern* im Gottesdienst werden gebraucht: Verteiler der Grußkarten und Bleistifte; außerdem Helfer, die vor dem Gottesdienst die Ballons aufblasen und sie dann am Ende des Gottesdienstes vor die Kirche holen. Jeder von ihnen hält ca. 15–20 Ballons zusammen, die er dann an die Gottesdienstteilnehmer, die aus der Kirche kommen, verteilt.
Mit der Vorbereitung des Gottesdienstes sollte man möglichst schon einige Wochen vorher anfangen (Aufdrucke Luftballons!).

3. Wie ein Mobile

Idee und Gestaltung

Was ist eigentlich Gemeinde? Wodurch kommt sie zustande, und welchen Auftrag hat sie? Diesen Fragen versucht der vorliegende Gottesdienst zum Sommerfest nachzugehen.
In der ganzen biblischen Tradition gibt es zwar keine einheitlichen Leitbilder und Grundmuster für *ein* Gemeindeverständnis, aber als roter Faden zieht sich durch die verschiedenen Bilder und Sprachmotive, mit denen Gemeinde bezeichnet und beschrieben wird, daß Gemeinde nie allein durch den Organisationswillen und das Handeln von Menschen zustande kommt, sondern nur durch die Einladung Jesu Christi, durch das von ihm gelebte und vermittelte Wort Gottes. Sein Wort »Kommt her zu mir alle!« ist der Grund der Gemeinde; durch sein Wort werden Menschen gesammelt und zusammengefügt zu einem lebendigen Organismus, werden miteinander zur Gemeinschaft verbunden und befähigt und so schließlich gesendet in die Welt.
Gemeinde kann nie ein in sich ruhendes und abgeschlossenes Gebilde sein. Sie muß auf Grund ihres Auftrags und ihrer Begabung in Bewegung bleiben durch den Geist Gottes, der sie treibt; darum hört sie den Auftrag: »Geht hin in alle Welt!« Wenn Gemeinde so verstanden und gedeutet wird, dann kann für sie nur ein Symbol stehen, das Verbundenheit, Angewiesenheit und Bewegung ausdrückt. In diesem Gottesdienst ist es ein Mobile.
An seinen Kreuzen werden im Aktionsteil dieses Gottesdienstes Karten befestigt, die die Gemeindeglieder zu den beiden Jesus-Worten »Kommt her zu mir alle!« und »Geht hin in alle Welt!« beschriftet haben.
Wie ein Mobile – so kann Gemeinde sein: getragen von dem Kreuz – miteinander verbunden, aber als einzelne Teile doch erkennbar und identifizierbar – aufeinander angewiesen, da sonst das Gleichgewicht nicht gehalten wird – in Bewegung durch den Wind, den Wind des Geistes.
Die biblische Erzählung, gestaltet und nacherzählt auf der Grundlage des »Kinderevangeliums« (Mk 10,13–16), entfaltet die Einladung Jesu an alle, sich seiner Gemeinde anzuschließen: Keiner ist zu gering, keiner ist zu klein, keiner ist zu unbedeutend, um von Jesus angenommen, gesegnet und be-gabt zu werden.

Die sakramentale Vergewisserung und Zusicherung dieser umfassenden Einladung Christi an alle, die zu ihm gehören wollen und denen verheißen ist, leben zu können wie ein Mobile: mit Christus und untereinander verbunden und gemeinsam durch einen Geist bewegt, das ist die Taufe.

Durchführung

Glockengeläut

Begrüßung
Liebe Gemeinde, ich begrüße Sie alle ganz herzlich zu diesem Gottesdienst am Anfang des Tages. Wir stellen diesen Tag unter den Schutz und die Begleitung unseres Gottes, indem wir ihn in seinem Namen beginnen.
Wir wollen zusammen feiern, jetzt in diesem Gottesdienst und anschließend bei unserem Gemeindefest.
Feiern – das ist ein Stück Vorwegnahme des endgültigen Friedens, mit aller Ausgelassenheit und Fröhlichkeit, mit all den Begegnungen und auch der Erfahrung von Gemeinschaft, indem wir wissen und erfahren: Wir gehören zusammen, hier in der Gemeinde, hier in unserer Stadt, hier in der ganzen Welt.

Lied: Der Himmel geht über allen auf *(tvd B 61; Halleluja 126)*

Eingangsworte

Psalmwort
Ich will mich über den Herrn freuen.
Alles, was in mir ist,
mein Herz und mein Geist, soll ihn rühmen!
Ich will mich über den Herrn freuen
und will all das Gute nicht vergessen,
das ich von ihm empfangen habe.
Er hat mir all meine Schuld vergeben
und hat heil gemacht, was in mir zerbrochen war.
Er hat mir das Leben noch einmal geschenkt,
als es schon verloren schien.
Er hat mich mit Freundlichkeit geschmückt
wie mit einer Krone.
Er hat mich reich und überreich gemacht
an allen Gütern, die ich mir wünschte.
Er hat meine Kraft erneuert,
wie das Gefieder des Adlers neu wird. *(Ps 103,1–5)*

Sündenbekenntnis und Gnadenzusage

Gott, wir vergessen oft, dankbar zu sein. Wir sind nicht mehr überrascht darüber, wie gut es uns geht.
Unsere Gesundheit, unser Glück, unsere Freunde, unsere Eltern, unsere Kinder, unseren Beruf, unseren relativen Frieden – wir nehmen vieles sehr selbstverständlich.
Herr, hilf uns, Dankbarkeit zu lernen.
Herr, erbarme dich!

Gemeinde: Kyrie eleison ...

Gott, wir vergessen oft, daß wir nicht allein sind, sondern daß es andere Menschen gibt, die auf uns angewiesen und auf die wir angewiesen sind, die auf ein Zeichen der Liebe, eine ehrliche Frage, ein offenes Wort warten.
Herr, hilf uns, die anderen zu sehen – und was uns mit ihnen verbindet.
Herr, erbarme dich!

Gemeinde: Kyrie eleison ...

Gott, wir vergessen oft, daß du da bist, wir geben dir keinen Raum in unserem Leben. Und doch fehlt uns so viel an Vertrauen, an Hoffnung, an Liebe, die wir bei dir finden könnten.
Herr, hilf uns, mit dir zu rechnen und dir zu vertrauen, mehr als allem anderen.
Herr, erbarme dich!

Gemeinde: Kyrie eleison ...

Wenn wir bereit sind, einen neuen Anfang zu machen, kommt Gott uns entgegen und zeigt uns neue Möglichkeiten, denn:
Barmherzig und freundlich ist der Herr, geduldig und reich an Güte. *(Ps 103,8)*

Gemeinde: Ehre sei Gott ...

Lied: Die güldene Sonne *(EKG 346, 1.3)*

Biblische Erzählung

Der Junge hieß Immanuel, er war zehn Jahre alt, eben ein richtiger Junge, manchmal ganz nett und zuvorkommend, manchmal aber ein Bengel mit Flausen im Kopf und zu allen Streichen gut aufgelegt. Er war auch nicht sehr fromm. Wer ist das schon als richtiger Junge. Seine Eltern waren ziemlich streng, und oft genug hatte er was hinter die Ohren bekommen. Das war eben so.
Am liebsten spielte er draußen mit seinen Freunden, Spiele, Streiche, was ihnen so einfiel. Und wenn irgendwo etwas los war, Immanuel und seine Truppe war immer mit dabei.
In der Nachbarschaft hatte sich in den letzten Tagen herumgesprochen: Da kommt einer, der ist berühmt, den muß man einfach gesehen haben. Und bei Sensationen, da mußten Immanuel und die anderen Jungs natürlich mit dabei sein.

Es war weit, draußen vor der Stadt, irgendwo in den Bergen, da sollte der berühmte Mann sein. Also zogen sie los – ohne zu Hause groß zu fragen. Denn die Eltern hätten ohnehin alles verboten. Ein weiter Weg. Und es war schon Mittag, als sie schließlich ankamen, die Mittagssonne brannte heiß. Viel los war eigentlich nicht. Immanuel war ziemlich enttäuscht. Das hatte er sich doch anders vorgestellt. Klar, da waren viel Leute, aber die ruhten sich in der Mittagspause erst einmal aus im Schatten einiger Bäume.

»Na, wo ist denn hier die Sensation zu begucken?« rief Immanuel laut. Manche Erwachsene fanden das unmöglich, diese dreckigen Bengels, dieser Kinderlärm, entsetzlich.

Aber sie hatten Glück, irgendwie kriegten sie heraus, wo der sensationelle Mann war – abgesichert von einer Reihe erwachsener starker Männer, die niemanden herankommen ließen. Da also, da mußte er wohl sein. Ob schon was zu sehen war? Eigentlich nicht. Doch eine Enttäuschung.

Aber so schnell gibt der kleine Immanuel nicht auf. »Wo ist denn der berühmte Mann bloß?« rief er laut. Sie machte wirklich einen unheimlichen Krach, diese Kinderbande.

Da kamen dann die Männer an, schimpften laut: »Seht ihr nicht, daß hier gerade Mittagspause ist. Hier gibt es nichts zu gaffen. Haut ab, ihr habt hier nichts verloren.«

Dafür waren sie nun so lange gelaufen – um einfach verjagt zu werden. Ziemlich enttäuscht waren die Kinder, besonders Immanuel. Es war eben wie immer, immer schickten die Erwachsenen sie weg, immer nur Verbote.

Da plötzlich passierte etwas. Da stand ein Mann auf – er sah wirklich nicht aufregend aus, ein Mann, so Mitte Zwanzig. Der stand plötzlich auf und rief etwas. Die Kinder verstanden es erst nicht richtig. Sie ärgerten sich noch über die Erwachsenen, die sie wieder einmal weggeschickt, verjagt hatten. Da plötzlich verstanden sie, was der Mann sagte: »Die Kinder sollen herkommen. Die Kinder sollen ruhig zu mir kommen. Ich will sie gern bei mir haben.«

Die erwachsenen Männer stutzten, wollten noch etwas zu ihrer Rechtfertigung sagen, aber es half nichts. Die Kinder liefen schon los. Liefen auf Jesus zu. Und als sie bei ihm ankamen, rief Jesus laut den Erwachsenen zu: »Hört, die Kinder hier, davon könnt ihr Erwachsenen alle etwas lernen. Denn diesen Kindern gehört das Reich Gottes. Wenn ihr Erwachsenen nicht werdet wie diese Kinder, dann könnt ihr nicht ins Himmelreich kommen.«

Immanuel wurde ganz komisch. Das hatte er noch nie erlebt. Immer war er weggeschickt worden, weggejagt worden – und jetzt standen sie alle plötzlich im Mittelpunkt. Die Erwachsenen haben ziemlich verdutzt geguckt. Und dann passierte es: Jesus umarmte den Immanuel, umarmte auch die anderen Kinder, und dann legte er ihnen die Hände auf den Kopf und segnete sie. Irgendwie merkte Immanuel, daß das etwas ganz Besonderes war. Und ganz tief in seinem Herzen dachte der

kleine Immanuel: »Wenn mich so einmal mein Vater umarmt hätte, das wäre schön!«
(nach Mk 10, 13–16)
Seit diesem Tag gehören Kinder in der Kirche dazu, sie sind der Mittelpunkt jeder Kirchengemeinde.

Lied: Liebe ist nicht nur ein Wort *(tvd B 51; Halleluja 112)*

Meditation
KOMMT HER ZU MIR ALLE – GEHT HIN IN ALLE WELT
(Zwei Konfirmanden, die Plakate mit diesen Jesus-Worten tragen, kommen nach vorn und stellen sich für die Gemeinde gut sichtbar in den Altarraum.)
Immer wieder war in den vergangenen Tagen zu hören: Das Sommerfest und dieser Familiengottesdienst am Gemeindefest sind ein Höhepunkt im Leben unserer Gemeinde, nicht nur wegen der Vorfreude der Kinder, der Vorbereitungen vieler, der Zahl derer, die an einem solchen Tag in der Martinskirche und rund um die Martinskirche zusammenkommen. Ein Höhepunkt auch deshalb, weil wir so viele neue Gesichter und so viele Gesichter an diesem Tag neu sehen, weil wir heute so etwas wie Gemeinde spüren und erfahren, eine fröhliche, feiernde, engagierte Gemeinschaft. Zu ihr gehören wir alle – so unterschiedlich wir auch sein mögen. Zu ihr gehört auch alles von uns – so widersprüchlich es auch sein mag.
Sehen wir doch auf uns selbst – schauen wir uns um – und achten wir auf dieses Plakat – das ein Konfirmand trägt – ein Wort Jesu – und es gilt uns allen: Kommt her zu mir alle. Unser Herr lädt uns selbst ein. Denn er möchte, daß wir nicht nebeneinander und gegeneinander leben, sondern miteinander – als feiernde, wache und engagierte Gemeinschaft. »Kommt her zu mir alle« – mit unserer Freude und unserer Traurigkeit, mit unseren Stärken und Schwächen, mit unseren Ängsten und Hoffnungen, mit unserer Einsamkeit und unserer Sehnsucht nach Gemeinschaft.
Dies alles gehört dazu und in diesen Gottesdienst mit hinein – denn Jesus selbst hat uns eingeladen, alles mitzubringen und mitzuteilen, was uns bestimmt und beschäftigt.
Und dann sehen wir dieses andere Plakat, auch ein Wort Jesu, das uns gilt und anspricht: Geht hin in alle Welt – bleibt nicht bei euch, bei eurer Gemeinschaft, bei eurer Freude und euren Sorgen; öffnet euch, nehmt Anteil am Leben, an der Freude und der Not der anderen, der ganzen Welt. Denn das ist unsere Chance und Aufgabe als Christen, als Gemeinde. Tragt den Frieden zu denen, die unter Krieg leiden, bringt Recht und Brot denen, die dem Hunger ausgeliefert sind, gönnt Zeit und Geduld denen, an denen alles vorbeigeht, öffnet euch den Menschen, die unter Vorurteilen und Verständnislosigkeit leiden. »Geht hin in alle Welt.«
Ob es uns gelingt, diese beiden Plakate, diese beiden Worte Jesu heute, in diesem

Gottesdienst, mit Leben zu erfüllen – so, daß wir selbst darin vorkommen und die, zu denen wir gehen sollten? Das wäre schön! Ich möchte Sie, Euch einladen, diesen Versuch zu wagen. Daß wir uns darauf besinnen und auf kleine Zettel, die Konfirmanden gleich unter uns verteilen werden, dann etwas von dem aufschreiben:
»Kommt her zu mir alle« – Was freut und belastet, was beschäftigt mich, was bringe ich in diesen Gottesdienst mit?
Und sei es einfach mein Name, meine Person mit allem, was zu ihr gehört. Und *»Geht hin in alle Welt«* – Wer freut sich über einen Besuch, ein Gespräch, über eine kleine Aufmerksamkeit, wer braucht Verständnis und Hilfe – mehr als ich bisher geben wollte, wer meine Fantasie für den Frieden, wem kann ich Anteil geben an meinen Lebensmöglichkeiten?
Etwas von dem aufzuschreiben, dazu möchte ich einladen.

Aktion
(Die Helfergruppe verteilt an die Gemeinde die vorbereiteten Karten und Schreibzeug. Während die Gottesdienstbesucher die Kärtchen beschreiben, singt die Gemeinde mit Unterstützung des Chores . . .)

Lied: Unser Leben sei ein Fest *(tvd B 37; Halleluja 35)*

(Anschließend werden die Karten von den Helfern eingesammelt, mit Klebestreifen an den heruntergelassenen Mobilestäben befestigt. Die Pastoren lesen dabei einige Beschriftungen, um in der anschließenden Meditation darauf Bezug nehmen zu können und sie als Beispiel zu benennen. Dann wird das Mobile wieder im Kirchenraum hochgezogen, so daß es sich frei bewegen kann. Man sollte ruhig einen Augenblick dem Mobile zusehen, ehe der Gottesdienst fortgesetzt wird.)

Lied: Herr, deine Liebe ist wie Gras und Ufer *(tvd B 14; Halleluja 110)*

Meditation
MITEINANDER VERBUNDEN – AUFEINANDER ANGEWIESEN – GEMEINSAM IN BEWEGUNG
Nun ist ein selten großes und schönes Mobile entstanden, aber so muß es wohl sein, wenn wir alle darin vorkommen wollen und sollen.
GETRAGEN VOM KREUZ – es steht für Jesus Christus, der uns alle zusammen tragen und verbinden will. Von ihm haben wir unseren Auftrag. Er trägt uns und ermutigt uns, einander auch zu tragen.
Alles ist jetzt *miteinander verbunden*. Es wäre gut, wenn dies zu einem Zeichen für uns wird, daß auch wir nicht für uns und allein bleiben, sondern miteinander fest verbunden sind (konkrete Beispiele . . .). Jedes Teil ist auf das andere *angewiesen.*

Hier ist keiner bedeutungslos, keiner mehr oder weniger wert – wir brauchen einander, um uns zu ergänzen, halten zu können (Beispiele . . .).
Alle Teile sind schließlich *in Bewegung*. Ein Mobile ist nichts Festes, Unveränderliches; es bleibt in Bewegung und kommt dabei doch nicht aus dem Gleichgewicht.
Ich denke, dies ist ein schönes Bild für uns Menschen, für uns als Gemeinde; daß wir nicht statisch und abgeschlossen leben, sondern in Bewegung bleiben, neue Erfahrungen machen, neue Wege gehen – ohne Angst, uns zu verlieren oder aus dem Gleichgewicht zu geraten.
Wir wollen darum bitten, daß es uns gelingt, so zu leben:
getragen von unserem Herrn Jesus Christus –
miteinander verbunden –
aufeinander angewiesen –
und gemeinsam in Bewegung. Amen.

Lied: Fürchte dich nicht *(tvd B 126)*

Taufe

Fürbittengebet
Herr, unser Gott und unser Freund,
wir bitten dich für die Kinder, die getauft sind.
Laß sie einen Platz in unserer Gemeinde finden, an dem sie erleben und selbst mitgestalten, daß wir alle als deine Gemeinde von dir eingeladen, aber auch mit deinem Geist in Bewegung sind.
Wir bitten dich für uns, daß wir auch mit dem Herzen erkennen, was wir mit unseren Augen gesehen haben: Wir sind miteinander verbunden durch dein Leben, durch dein Kreuz, durch deine Gegenwart. Wir sind aufeinander angewiesen, wir sind gemeinsam auf dem Weg, den du uns zeigst.
Wir bitten dich für die Kranken und Traurigen, die gern heute mitgefeiert hätten, aber zu Hause bleiben mußten.
Schenke ihnen Kraft und Mut zum Leben und die Gewißheit, daß du bei ihnen bist.
Wir bitten dich für alle Menschen, für alle Völker, alle Rassen, alle Nationen: Schenke uns Gemeinschaft auch mit ihnen, damit wir deinem Auftrag, in alle Welt gesendet zu sein, gerecht werden.
Wir bitten dich besonders für die von Krieg und Angst geschlagenen Menschen.
Laß sie Frieden finden und dem Wahnsinn des Blutvergießens ein Ende setzen.
Wir bitten dich auch für diesen Tag, daß er ein fröhlich-heiteres Fest der Begegnung und Gemeinschaft in deinem Namen wird.

Vater unser

Lied: Komm, Herr, segne uns *(tvd B 84)*

Segen

Technik und Vorbereitung

Vor allem die Herstellung des Mobiles erfordert Zeit, handwerkliches Geschick und die Mitwirkung mehrerer Helfer. Insbesondere das Ausbalancieren der einzelnen Mobilestangen erwies sich als mehrstündiges Geduldsspiel.
Für unsere Verhältnisse mußte das Mobile eine Gesamthöhe von 5 Metern und eine Gesamtbreite von ca. 4 Metern haben. Die Konstruktion geht von einem 3 × 2 m großen Mittelkreuz aus Vierkanthölzern aus. An der Querlatte des Kreuzes werden weitere Mobilestangen (auf jeder Seite fünf) mittels fester Paketschnur angebracht und an den jeweiligen Enden mit Zwirnsfaden Scheiben aus buntem Tonpapier aufgehängt. Dabei ist darauf zu achten, daß das Mobile sich nach allen Seiten hin frei bewegen kann und nicht verhakt!
Zum Beschriften können selbstklebende Etiketten oder als billigere Lösung Papierstreifen, die dann mit Klebestreifen auf die Tonpapierscheiben geklebt werden, Verwendung finden.
Das Mobile wird vor der abschließenden Meditation an einem Seil, das über einer Querverstrebung der Dachkonstruktion läuft, im Altarraum hochgezogen.

Kommentar

Nach anfänglichem Zögern, zu den trotz der Einführung relativ abstrakt gebliebenen Aussagen »Kommt her zu mir alle« und »Geht hin in alle Welt« Stellung zu nehmen, wurde von den Gottesdienstbesuchern dann doch eine Fülle zum Teil sehr konkreter Aussagen, Bitten, Hinweise aufgeschrieben. Diese reichten von der mit ungelenker Hand geschriebenen Feststellung »Ich gehöre auch dazu!« über konkrete Namensnennungen von Gemeindemitgliedern, die einsam sind und sich über einen Besuch freuen würden, bis hin zu formulierten Fürbitten angesichts von Hunger und Friedlosigkeit in der Welt.
Das Mobile selbst erwies sich als außerordentlich anschauliches und tragfähiges Symbol für Gemeinde. Von daher wäre zu überlegen, ob das Symbol nicht schon zu einem früheren Zeitpunkt im Gottesdienst eingebracht und somit der Zusammenhang der Aussagen zur Einladung und Sendung mit den Grundaussagen zum Mobile noch stärker zur Geltung gebracht werden könnte.

4. Verwoben miteinander

Idee und Gestaltung

Auch in diesem Familiengottesdienst zum Sommerfest versuchen wir, das christliche Grundmotiv der Gemeinschaft zu entfalten. Das, was an diesem Tag von ca. 2000 Menschen »rund um die Martinskirche« erfahren wird, soll uns in diesem Gottesdienst als Zuspruch und Anspruch Gottes deutlich werden:
Wir sind, unabhängig von allen bestehenden Unterschieden der persönlichen und politischen Auffassungen, der Frömmigkeitsformen, des Alters, der Schichtzugehörigkeit und auch unabhängig von dem unterschiedlichen Grad an Engagement in unserer Kirchengemeinde berufen zu der einen geschwisterlichen Gemeinschaft.
Im Motiv des gemeinsamen Webens entdeckten wir einen sinnfälligen Ausdruck für diese unsere Bestimmung. Ein Streifen Stoff für jeden Teilnehmer kann den von Gott uns gegebenen Anteil am ganzen Leben in seiner jeweils persönlichen Ausprägung symbolisieren. Ein großer, für alle sichtbar im Altarraum aufgestellter Webrahmen steht für unseren Auftrag als Christen und Gemeinde. Er verweist zugleich auf die Vorgaben, ohne die unser gemeinsames Tun und Leben nicht gelingen könnte: Rahmen und Kettfäden werden unserem Weben Form und Halt geben, den Gemeindeteppich erst ermöglichen.
Das gemeinsame Weben, das Einweben des je eigenen Stoffstreifens in den Rahmen und das Entstehen des Gemeindeteppichs bilden den Aktionsteil dieses Gottesdienstes. Für alle erfahrbar und in seinem Zeichencharakter auch verstehbar wächst so der Teppich durch die Bereitschaft vieler, ihren Stoffstreifen/Lebensanteil miteinzuweben.
Dieses Hergeben erleben wir nicht als Verlust, sondern als Gewinn: Etwas Neues entsteht, an dem wir Anteil haben: ein großer bunter Teppich/die Gemeinschaft unter uns Menschen. Auf die symbolische Webaktion hin ist der ganze Gottesdienst ausgerichtet.
Die biblische Geschichte läßt in freier Interpretation von Apg 18,3 (dort wird als Beruf des Paulus »Zeltmacher« angegeben) Paulus als Teppichweber auftreten, der in seinem Tun wesentliche Motive seiner missionarischen Tätigkeit meditiert.

Durchführung

Altarraum und Fensternischen der Kirche sind mit vielen Blumen festlich geschmückt. Zusätzlich verbreiten schmale Stoffstreifen, über die Bankreihen gelegt, mit ihren verschiedenen Mustern und Farben eine fröhlich-festliche Atmosphäre. Der Webrahmen wird erst während der Webaktion in den Altarraum gestellt.

Glockengeläut

Intrade des Posaunenchores

Begrüßung
Einen guten Morgen und einen guten, schönen Tag – das wünschen wir Euch, das wünschen wir Ihnen, uns allen.
Wir feiern heute ein Fest, das Fest der Gemeinde – hier im Familiengottesdienst und anschließend den ganzen Tag rund um die Martinskirche.
Wir hoffen, daß es so bunt, so verschiedenartig und fröhlich wird, wie sich unsere Martinskirche schon jetzt durch die vielen bunten Stoffstreifen, die über den Bankreihen liegen, darstellt.
So bunt und verschieden wie diese Stoffstreifen – so sind auch wir, die wir zu diesem Gottesdienst zusammengekommen sind.
Da sind viele Kinder und ältere Menschen, da sind Familien und Alleinstehende, hier finden sich Menschen zusammen, die aus der Ruhe des Sonntagmorgens kommen, und solche, die schon einige Arbeit beim Vorbereiten und Aufbauen für das Fest hinter sich haben.
Wir wollen nun aufatmen und loslassen, was uns gefangenhält, uns auf diesen Gottesdienst einlassen. Wir wollen zusammen feiern, was uns vor Gott verbindet und uns bei allen Unterschieden gemeinsam zugetraut ist: so wie es das Lied sagt, das wir nachher zusammen singen wollen: »Unser Leben sei ein Fest, Jesu Geist in unserer Mitte, Jesu Werk in unseren Händen, Jesu Geist in unseren Werken, unser Leben sei ein Fest, an diesem Morgen und jeden Tag!«

Lied: Geh aus, mein Herz *(EKG 371, 1–3.8)*

Eingangsworte

Gebet
Nach jeder Bitte singt die Gemeinde: Herr, erbarme dich . . . *(tvd B 54)*
Herr, unser Gott, wir sehen Menschen um uns, die unsere Freunde sind, die uns

verstehen und uns zuverlässig begleiten. Laß uns selber lernen, anderen Freund und Begleiter zu werden.
Wir bitten dich: Herr, erbarme dich ...
Herr, unser Gott, wir sehen aber auch Menschen um uns, die uns kritisieren, die uns mißverstehen, mit denen wir nicht einer Meinung sind. Laß uns nicht einander verletzen, laß uns aufeinander hören und aufeinander zugehen, laß uns lernen, Kritik ertragen zu können und gemeinsam weiter zu wachsen.
Wir bitten dich: Herr, erbarme dich ...
Herr, unser Gott, wir sehen und hören von Menschen, die uns scheinbar ganz fern sind. Laß uns lernen, die Not unseres fernsten Mitmenschen zu unserer eigenen Sorge werden zu lassen, laß uns Brücken schlagen zu Menschen, die sonst im Vergessen umkommen.
Wir bitten dich: Herr, erbarme dich ...
Herr, unser Gott, wir sehen auch unseren Nächsten, manchmal ganz unklar, manchmal ganz nahe. Schenk uns Offenheit, dem Nächsten zu begegnen, hilf uns, unsere Scheu zu überwinden.
Wir bitten dich: Herr, erbarme dich ...

Psalmwort

Gott, deine Liebe brauchen wir; segne uns.
Blicke freundlich zu uns.
Dann wird man auf der ganzen Erde erkennen:
du leitest uns,
du hilfst uns,
du befreist uns.
Gott, die Völker der ganzen Welt sollen dir danken,
alle Menschen sollen dich loben.
Aus lauter Glück und Freude sollen sie singen,
denn du handelst gerecht,
du lenkst alle Geschicke der Menschen.
Die Erde hat gute Ernte gebracht;
so segne uns, Gott, unser Gott! *(Ps 67)*

Lied: Liebe ist nicht nur ein Wort *(tvd B 51; Halleluja 112)*

Biblische Erzählung

PAULUS – DER TEPPICHWEBER

Wenn unter uns Christen der Name Paulus fällt, dann macht sich gleich Ehrfurcht breit. Der kann vielleicht predigen! – so heißt es voller Anerkennung, oder: Wo der Paulus auftaucht, da ist immer was los, da bildet sich eine Gemeinde, die Menschen kommen zusammen, halten zusammen. Der Paulus, ja, das ist ein Apostel aus dem Bilderbuch, ein Pastor, wie man ihn sich wünscht. Dabei kommt eine

Seite von Paulus gar nicht zur Geltung – vielleicht hat sich das auch noch gar nicht herumgesprochen. Und das ist so:
Paulus hatte eine längere Reise hinter sich, hatte gepredigt und gesegnet, ermutigt und ermahnt, Gemeinden erneuert und gegründet. Und nun war er wieder in Jerusalem, ehrlich gesagt, ziemlich erschöpft – und ausgebrannt. Auch finanziell. Denn Paulus hatte schließlich keinen Dukatenesel bei sich – und Kirchensteuern gab es damals nicht. Die bedenkliche Ebbe in seinem Geldbeutel machte auch Paulus nachdenklich – aber nicht unruhig. Im Gegenteil.
Und so sehen wir einen ganz anderen Paulus in den nächsten Tagen in Jerusalem, in einer Seitengasse, vor einem offenen Toreingang, ein wenig im Schatten, aber doch so, daß er die Lebendigkeit der Straße immer noch mitbekommt. Paulus – arbeitet. Er ist Teppichweber. Paulus, der große Apostel – ein ganz normaler Arbeiter, ein Teppichweber. Und dabei wollen wir ihn heute morgen ein wenig beobachten, wie er vor seinem angefangenen Teppich sitzt; wie er ganz alltäglich arbeitet; und welche Gedanken ihm bei seiner praktischen und doch auch schöpferischen Tätigkeit so kommen.
Da liegen sie alle nebeneinander: die dünnen und die dicken Fäden, die mit den grellen Farben und die blassen, die strammen Fäden und die labberigen, die grobmaschigen und die ganz feinen – unwillkürlich denkt er an die vielen und ganz verschiedenen Menschen, die ihm auf seinen weiten Reisen begegnet sind. Menschen, ach, innerlich schüttelt er den Kopf und muß ein bißchen schmunzeln – wenn man die so nebeneinander sieht, dann denkt man: Die passen wirklich nicht zusammen. Denkt man.
Und während er nun die verschiedensten Fäden verarbeitet, spürt er plötzlich, wie das doch alles zusammenpaßt, wie ein Muster entsteht aus dem Zusammenwirken, ein Muster, das die einzelnen Fäden so für sich überhaupt nicht besaßen. Wie ähnlich ist das doch mit der Gemeinde, mit all den Gemeinden, die der Paulus auf seiner gerade hinter ihm liegenden Reise erlebt hat: Griechen und Juden, Heiden und Christen, Männer und Frauen – wenngleich er mit den Frauen im Dienst der Gemeinde und der Verkündigung so seine Schwierigkeiten hatte; das Erlebnis von Korinth, wo plötzlich eine Frau gesegnet werden sollte, das steckte ihm doch noch ganz gehörig in den Knochen. Und besonders der Schlußsatz der alten und weisen Dorothee, die schon über 80 Jahre alt war und schließlich den beeindruckenden Satz gesagt hatte, der Paulus noch heute ganz nachdenklich macht: »Ist jemand in Christus, so ist er eine neue Kreatur. Das Alte ist vergangen, siehe, es ist alles neu geworden.«
Plötzlich schreckt Paulus auf, mitten in seinen theologischen Gedanken ist ihm da ein Webfehler unterlaufen, wie es immer passiert, wenn er nicht richtig bei der Sache ist. Er sieht sich die Stelle genauer an, löst einige Fäden auf, um den Fehler zu beheben, entdeckt aber noch einen anderen Fehler, der sich nun nicht mehr beheben läßt.

»Auch das«, so denkt Paulus bei sich selbst, »auch das gehört wohl zur Gemeinde, Webfehler, mit denen wir leben müssen.« Und dann wurde sein Gesicht ganz heiter: Ja, so ist das mit der Gemeinde: Sie lebt in Gemeinschaft, weil sie einen festen und stabilen Rahmen hat - nicht aus sich selbst, sondern er ist da, bevor jede Gemeinde entsteht. Und die sicheren Fäden, die uns halten, die uns einen Halt geben - nachher sind sie nicht mehr zu sehen, aber sie sind doch da. Gottes Schöpfung, Jesu Kreuz und Auferstehung - Rahmen und Kettfäden des großen Teppichs mit dem Namen Gemeinde. Noch wissen wir nicht, wie am Schluß dieser Teppich aussieht. Auch in der Gemeinde wissen wir das noch nicht. Aber wir vertrauen darauf, daß in diesem Zusammenwirken sich etwas abbildet von dem, was Paulus überall bekannt gemacht hat: das Reich Gottes.
Auf Wiedersehen, Paulus.

Lied: Unser Leben sei ein Fest *(tvd B 37; Halleluja 12)*

Glaubensbekenntnis

Lied: Selig seid ihr *(tvd B 97)*

Meditation
STOFFSTREIFEN - WEBEN
Ein Streifen Stoff, wie ich ihn hier halte, liegt für jeden von uns auf den Bänken bereit. Vielleicht darf ich Euch, Sie bitten, diesen Streifen einmal in die Hand zu nehmen. Ein ganz gewöhnlicher Streifen Stoff - und doch kann er uns in diesem Gottesdienst zum Gemeindefest zu einem Zeichen werden.
Ein Streifen Stoff. Er ist - das können wir an den Seiten noch gut sehen, wenn wir ihn genauer betrachten -, er ist abgetrennt von einer langen Stoffbahn. Er war Teil eines zusammenhängenden Ganzen und ist jetzt etwas Neues, ein selbständiges Teil. Er ist wie unser Leben - auch wir sind Teil des gesamten Lebens, hervorgegangen aus Gottes Lebensfülle - und sind nun ein Leben für uns. Jeder von uns ist ein selbständiges Leben, eine eigenständige Person.
Ein Streifen Stoff. Wenn wir uns umsehen, dann werden wir feststellen, wie unterschiedlich diese Streifen sind, so wie wir verschieden sind in unserer Persönlichkeit und Geschichte, in unseren Stärken und Schwächen. Und Ähnlichkeiten können wir feststellen, so wie wir oft überrascht sind von Gemeinsamkeiten und Übereinstimmungen mit anderen. Manchmal erschrickt uns das, manchmal freuen wir uns darüber.
Dieser Streifen Stoff, er regt mich an, über mein Leben nachzudenken: Ich überlege, welche Laufrichtung mein Leben hat, nach welchem Muster es gewebt ist, ich frage mich, wo der rote, der gelbe, der grüne oder sonst farblich gestaltete Faden meines Lebens ist. Und ich möchte mich ermutigen lassen, mein Leben als einzigartigen, unverwechselbaren Teil der Schöpfung Gottes zu entdecken und zu verstehen.

Und doch, da bleibt das Gefühl, es fehle etwas. So wie dieser Streifen Stoff, so ist unser Leben doch nur ein schmaler Ausschnitt, ist leicht zu übersehen. Und wenn ich es mit diesem Streifen Stoff vergleiche, für sich allein oft auch ohne Halt und feste Form. Ist dies nicht auch ein Teil unseres Lebens, gehört dies nicht auch zu unserem Auftrag, daß wir uns einbringen und uns miteinander verweben, unser Leben gemeinsam gestalten, damit keiner ausgeschlossen bleibt, damit die Fähigkeiten eines jeden zur Geltung kommen und wir uns als Teil der menschlichen Gemeinschaft, des einen Volkes Gottes verstehen?!
Dieser Webrahmen, groß und unübersehbar, soll uns dafür ein Zeichen sein. So wie er uns zur Gestaltung zur Verfügung steht, so hat uns Gott diese Erde, seine Schöpfung, die Natur und alles, was auf ihr lebt, zur gemeinsamen Gestaltung anvertraut. Und wenn wir jetzt – jeder für sich und wir gemeinsam – unseren Streifen Stoff in diesen Rahmen zu einem Teppich einweben, so wollen wir zeichenhaft unser Leben mit einweben und uns ermutigen lassen zu unserem Auftrag als christliche Gemeinde: Laßt uns unser Leben gemeinsam gestalten, zu einer Gemeinschaft zusammenwachsen, in der jeder vorkommt und jeder gehalten wird!
Wenn wir so an diesem Teppich weben, werden wir merken: Dieses Einbringen, dieses Weben und Neues schaffen, das braucht Zeit – und Geduld, dafür brauchen wir Rücksicht aufeinander und etwas Geschick.
(Konkrete Regieanweisungen, Durchführung der Webaktion, an der sich fast alle Gottesdienstbesucher beteiligen. Während der Aktion singt die Gemeinde folgende Lieder . . .)

Lied: Einsam bist du klein *(P. Janssens)*
oder: **Der Himmel geht über allen auf** *(tvd B 61; Halleluja 126)*
oder: **Lieber Vater, halt mich fest** *(J. Fliege/P. Janssens)*

(Nach Abschluß der Webaktion:)
Jeder von uns hat seinen Streifen Stoff in diesen Rahmen mit eingewebt. Wir waren unsicher, ob das überhaupt gelingen kann. Aber es hat geklappt – wie wenig trauen wir doch oft gemeinsamer Gestaltung zu!
Es ist unübersehbar: Dies ist mehr als jeder einzelne Streifen zuvor. Es ist neu, und doch ist jedes Teil darin aufgenommen. Wir haben etwas von uns abgegeben – und uns trotzdem dadurch nicht aufgegeben, verloren. Aus vielen Streifen ist ein Teppich geworden, aus einzelnen Teilen ein neues Ganzes. Ein Stück Freiheit haben wir aufgegeben und sind in diesem Teppich Verbindlichkeiten eingegangen.
Wenn wir genauer hinsehen, dann werden wir auch Webfehler entdecken. Aber sie gefährden nichts; auch sie gehören dazu, sind Teil des Ganzen.
Allein auf uns gestellt hätten wir diesen Teppich nicht weben können. Wir waren darauf angewiesen, daß uns ein Rahmen zur Verfügung gestellt ist, der das Ganze hält, und die Kettfäden, die unserem Teppich Form und Halt geben.

Und schließlich – dieser Teppich ist noch nicht fertig. Da ist noch Platz. Längst nicht alle Menschen in unserer Gemeinde, in unserem Land, auf unserer Welt können oder wollen mitweben an dem einen großen Teppich der Menschheit. Wir wollen an sie denken und sie nach Kräften ermutigen mitzumachen. Anfangen wollen wir damit draußen auf dem Gemeindefest.
Daß wir wie Paulus weben an der einen Gemeinschaft von Jungen und Alten, Starken und Schwachen, Armen und Reichen, Glücklichen und Unglücklichen – im Geiste Jesu; daß wir Rahmen und Kettfäden, die Gott uns zur Verfügung stellt, entdecken und zur Hilfe nehmen: und so in Gerechtigkeit und Liebe, in Frieden und gegenseitiger Fürsorge unser Leben miteinander verweben, das ist unsere Hoffnung und unser Auftrag. Gottes Frieden ist stärker als unsere menschliche Vernunft und Einsicht. Auf seinen Frieden sind wir angewiesen, um selbst eine menschliche Friedensgemeinschaft werden zu können. Amen.

Lied: Herr, gib uns deinen Frieden *(Halleluja 105)*

Fürbittengebet
Herr, wir bitten dich für die Menschen, die von der gemeinsamen Gestaltung ausgeschlossen sind. So denken wir besonders an Menschen, die arbeitslos sind und sich ausgestoßen fühlen. Laß sie und uns Brücken finden zueinander und Möglichkeiten, aneinander anzuknüpfen.
Herr, wir bitten dich für die Menschen, die sich nicht gern vereinnahmen lassen, die Mühe haben, sich in einer Gemeinschaft einzubringen. Wir denken besonders an Menschen, die oft Angst haben, etwas falsch zu machen, die sich selber nur wenig zutrauen. Nimm ihnen die Angst und schenke ihnen Mut, erste Erfahrungen von Freundschaft und Verläßlichkeit zu sammeln.
Herr, wir bitten dich für die Menschen, die die Fäden der Gemeinschaft mutwillig oder ahnungslos zerreißen. Wir denken besonders an Menschen, die keine Zukunft vor Augen haben, sich ausgeliefert und ohnmächtig fühlen und in ihrer Wut auch Verbindlichkeiten zerstören. Schenke du ihnen Menschen, die sie auffangen, und die Erfahrung, daß wir alle von anderen mitgetragen werden.
Herr, wir bitten dich für die Menschen, die mitten im Teppich der Gemeinde eingewoben sind. Laß sie ein Zeichen von Hoffnung werden und in aller Unfertigkeit und Vorläufigkeit ein Zeichen für den Beginn deines Reiches und deiner Zukunft sein, in der wir alle wahrhaftiges und gültiges Leben finden werden.

Vater unser

Segen

Musik zum Ausgang

Technik und Vorbereitung

Dieser Gottesdienst erfordert relativ viel Vorbereitungszeit. Für den Bau des Webrahmens ist es hilfreich, sich der Mitarbeit eines handwerklich geschickten Gemeindemitglieds zu vergewissern. Unser Webrahmen, konzipiert für ca. 600 Webstreifen, hatte die Abmessungen 200 × 300 cm (einschließlich Gestell). Er wurde aus massiven Kanthölzern gefertigt und mit fester Schnur in Querrichtung bespannt. Die dafür erforderlichen Bohrungen im Rahmen lagen im Abstand von ca. 3 cm. Die Stoffstreifen wurden aus preiswerten Baumwollstoffen gerissen, etwa 40 cm lang und 4 cm breit. Die Stoffe dürfen nicht zu glatt sein (damit sie nicht durch den Rahmen rutschen) und müssen sich leicht reißen lassen.
Bei der Durchführung der Webaktion ist darauf zu achten, daß die Erwachsenen ihren Streifen im oberen Teil des Webrahmens einweben, damit im unteren Bereich Platz bleibt für die Kleineren. 6–8 Helfer sollten zur Verfügung stehen, um eine geordnete Durchführung der Aktion zu gewährleisten. In unserem Gottesdienst dauerte die Webaktion 20 Minuten, diese relativ lange Zeit wurde jedoch von der Gemeinde nicht als strapaziös empfunden, da es gerade bei dieser Aktion für jeden in jeder Phase genug zu tun, zu sehen – und zu singen gab!

Kommentar

Der Gottesdienst wurde von den Besuchern als sehr positiv, anschaulich und fröhlich erlebt. Er wirkte in sich geschlossen, mit einem klaren Spannungsbogen. Beeindruckend war die Intensität der Webaktion, die sich in einer fast festlich getragenen Atmosphäre vollzog. Die Straffung der Verbalteile wurde als wohltuend empfunden – trotzdem ist der zeichenhafte Charakter der Webaktion bei den Erwachsenen wie bei den Kindern »übergekommen«. Kommentar einer Sechsjährigen: »Jetzt gehören wir alle zusammen!«

V. Zeit des Teilens: Erntedank

Das Erntedankfest – die ursprüngliche, archaisch-agrarische Feier für die Früchte der Erde, für die durch Arbeit und Schweiß dem Acker abgerungenen Güter, die Gott »mild und heimlich mit Wuchs und Gedeihen bedacht hat«, wie es in einem protestantischen Kirchenlied heißt, ist für eine Stadtgemeinde, ja selbst für Menschen einer noch mehr landwirtschaftlich geprägten Umwelt als konkretes, jahres- und lebenszyklisch eingebundenes Fest kaum noch direkt und unmittelbar nachzuvollziehen. Obst und Gemüse kommen aus den Regalen des Supermarkts, und selbst das Brot liegt abgepackt und konserviert in eben diesen Regalen zum Kauf bereit. Die Möglichkeiten des Menschen, die Natur zu beherrschen, auf Wachstum, Quantität und Qualität der Naturgüter Einfluß zu nehmen, haben dazu geführt, daß der moderne Mensch kaum noch ein Empfinden seiner Abhängigkeit von der Natur entwickelt, sondern sich eher als ihr Beherrscher, ihr Gegenüber begreift.

Aber auch wenn sich dadurch der unmittelbare Bezug zu den Gaben, Früchten und Gütern der Erde für Menschen der Industriegesellschaft abgeschwächt und verstellt hat, so erfahren wir doch bei vielen Menschen (unserer Gemeinde) ein elementares Bedürfnis nach symbolischer Markierung für geschenkte und angebotene »Lebens-Mittel« (im weitesten Sinn) im Ablauf eines Jahreszyklus.

Diesem Bedürfnis will die Feier eines gemeinsamen Erntedankgottesdienstes ebenso Rechnung tragen, wie sie auch dazu beitragen soll, wieder ein sinnlicheres, »begreifbareres« Verhältnis zur Schöpfung, zur Bebauung und Bewahrung dieser Erde zu ermöglichen.

Neu zu erfahren und zu bejahen, daß Mensch und Materie Geschöpfe sind und aus dem gleichen guten Willen Gottes stammen, und daher ein neues, sensitives Verhältnis zur Materie zu entwickeln, darum ging es in dem Familiengottesdienst »Erde begreifen und empfangen«. Der Gottesdienst will ein Stück unmittelbaren Zugangs zu Natur und Erde durch eine Pflanzaktion verwirklichen.

Die Feier des Erntedankfestes in unserer Welt und Zeit wird dabei über die Betrachtung und Sensibilisierung für die materiellen Güter hinausgehen und Erntedank geweitet als Dank für das ganze geschenkte Leben und die uns anvertrauten Lebensmöglichkeiten mit im Blick haben müssen.

Die Abhängigkeit unserer gesamten Existenz von Gottes Segen und seiner Treue

zur Schöpfung, die uns Menschen als Teil von ihr miteinschließt, soll bewußtgemacht und als Grund der Freude und des Dankes verkündigt werden.
Sicherlich erscheint angesichts der ökologischen und ökonomischen Probleme unserer Welt diese Verkündigung nicht ungebrochen. Feier und Festlichkeit dieses Tages werden verdunkelt von der zunehmenden Bedrohung der Umwelt durch Verschmutzung, Verseuchung und ein atomares Damoklesschwert, das droht, starke Erdkreise zu einem lebensunmöglichen Raum zu machen; ebenso durch das große Nord-Süd-Gefälle, das den Hunger und das Sterben von Millionen von Menschen verursacht bei gleichzeitiger Vernichtung von Lebensmitteln in den Industrienationen zugunsten eines stabilen, wenn auch ungerechten Weltmarktes. Sicherlich sind auch dies u. a. Ergebnisse der Reduktion des Naturverhältnisses auf den alleinigen Aspekt der Verwertbarkeit, Beherrschung, Veränderung und des Profits.
Dank für die uns geschenkten und anvertrauten Lebensgüter und umfassenden Lebensmöglichkeiten wird von daher auch verbunden sein müssen mit dem mahnend-prophetischen Wort und Zeichen, das auf der Grundlage von Gen 2, 15 anleitet zu einem bedachten, verantworteten und bewahrenden Umgang mit dieser Schöpfung und dementsprechend mit den brisanten Fragen ökologischer und ökonomischer Provenienz, die das Handeln der Menschen der Neuzeit hervorgebracht hat. Gottesdienst und kasuell gebundene Verkündigung zu diesem Tag des Kirchenjahres werden sich somit in der Spannung von Dank, Zuspruch und Ermahnung zu bewähren und auszuweisen haben.
Gerade die ethische Kategorie des Teilens, symbolisch etwa gefaßt in dem Weitergeben von Brot und Trauben als festes interaktionelles Element unserer Erntedankgottesdienste, versucht alle Anteile des Spannungsbogens des Erntedankfestes in unserer heutigen Welt aufzunehmen, erfahrbar und begreifbar zu machen.
Die sozial-ethische Dimension des verantwortlichen und gerechten Umgangs mit dem uns für das Leben Anvertrauten, dem Reichtum der Schöpfung, wird besonders in dem Gottesdienst »Eine Handvoll Reis« bearbeitet und konstruktiv mit der Gemeinde in einer Tauschaktion gestaltet, ohne dabei den Festcharakter des Tages auf moralisierende Weise abzuschwächen oder gar zu töten.
Den mehr zusprechenden, verheißenden und damit auch zukunftseröffnenden Akzent der Treue Gottes zu seiner Welt und Schöpfung, der diese nicht aufgibt, sondern der verläßlich seine Zusage hält: »Solange die Erde steht, soll nicht aufhören Saat und Ernte, Frost und Hitze, Sommer und Winter, Tag und Nacht« (Gen 8,22), gewinnt in dem gleichbetitelten Gottesdienst Darstellung und Erfahrbarkeit unter dem Symbol des Regenbogens.
Erntedank – Zeit des Teilens.
Das ist zugleich die Zeit des Dankens, aber auch die Zeit des Denkens und Nachdenkens.

Das ist zugleich die Zeit der fröhlichen Feier, aber auch des besinnlichen und besinnenden Festes auf eine Zukunft hin, auf die wir vertrauen durch die Treue Gottes, für die wir auch arbeiten müssen als seine Partner und Beauftragten in der Schöpfung.
Für beide Pole des Erntedankfestes Sprache und Gesang, Symbole und Erlebensmöglichkeiten zu finden, das ist das Anliegen der hier vorgestellten Erntedank-Familiengottesdienste, die damit über den Tag hinaus weit in das Kirchenjahr und das Gemeindeleben hineinreichen wollen.

1. Eine Handvoll Reis

Idee und Gestaltung

Der Dank für die uns geschenkten überreichen Lebensmöglichkeiten und unsere Verantwortung für die unter fehlenden Lebensmöglichkeiten leidenden Menschen der Dritten und Vierten Welt gehören untrennbar zusammen. Dies darf als Konsens heutiger gottesdienstlicher Überlegungen zur Gestaltung des Erntedanksonntags gelten.
Zweifelhaft aber bleibt in vielen Fällen, wie dieser Zusammenhang in der gottesdienstlichen Feier vermittelt werden kann. Die Gefahr der unbearbeitbaren Frustrierung vorhandener Fest- und Feierbedürfnisse an diesem Tag, des Aufbaus von Abwehrhaltungen und der Erzeugung von unchristlichem moralischen Druck ist groß. Immer wieder machen wir in der Gemeindearbeit die Erfahrung, daß die visuelle oder verbale Ausbreitung von Elend und Hunger in der Welt eher lähmt und negativ wirkt, als zu konstruktiven Schritten ermutigt.
So versuchen wir in diesem Familiengottesdienst den Zusammenhang auf dem Wege eines einfachen, konkreten, von jedem versteh- und nachvollziehbaren Tausches zu vermitteln. Wir wollen die Gottesdienstteilnehmer nicht überfordern, sondern ihnen Mut machen zu einer zeichenhaften und doch konkret wirksamen Handlung: eine Handvoll Reis, abgepackt in eine einfache Papiertüte, erhält jeder Besucher und hat die Möglichkeit, in einen großen Weidenkorb das in Geldwert abzugeben, was er an einem Tag zum Leben braucht. Diesen Tausch verstehen wir als Akt konkreter Solidarität. Wir nehmen das an und ernst, was für unzählige Menschen das Existenzminimum darstellt, 125 Gramm, eine Handvoll Reis. Wir nehmen so zeichenhaft Anteil an ihrem Leben. Und im Gegenzug lassen wir die Menschen, die unter Armut und Hunger leiden, zeichenhaft an unserem Leben partizipieren, indem wir ihnen für einen Tag unsere Ressourcen zur Verfügung stellen. Die Papiertüte mit Reis ist bedruckt mit den Worten: »Leben – Überleben – Einfacher leben«. Damit soll der Wille Gottes, daß alle leben sollen, angesprochen und als menschliche Solidargemeinschaft derer, die überleben müssen und einfacher leben lernen, entfaltet werden.
Diese Aktion ist eingebettet in eine freie Erzählung des Weinberggleichnisses. Der Skopus dieser Geschichte wird in der anderen, am Leben aller ausgerichteten

Gerechtigkeit Gottes, die nicht mit Willkür zu verwechseln ist, gesehen. Machen wir uns diese Gerechtigkeit Gottes zu eigen, können auch wir frei werden zu einem Leben, das geprägt ist von dem Willen, allen Menschen unabhängig von ihrer erbringbaren Leistung zu geben, was sie zum Leben brauchen.
Das Teilen von Brot und Trauben ist in diesem Gottesdienst an den Anfang gesetzt. Dadurch soll der Grundgedanke des gemeinsamen Lebens, des Dankes und der Verantwortung füreinander gleich zu Beginn positiv erlebbar gemacht werden.

Durchführung

Am Abend vor dem Gottesdienst und vor dessen Beginn wird die Kirche, insbesondere der Altarraum, geschmückt. Dabei haben vor allem Kindergartenkinder, Schülerinnen und Schüler der benachbarten Schulen sowie Katechumenen und Konfirmanden mitgeholfen.
Eine große Erntegarbe fehlt – wir haben es auch in diesem Jahr versäumt, sie rechtzeitig, d. h. zur Erntezeit, von einem Bauern zu besorgen!

Musikalisches Vorspiel

Chor: Die Ernte ist nun zu Ende *(M. Prätorius)*

Begrüßung
Zu diesem Familiengottesdienst am Erntedankfest begrüße ich Sie alle ganz herzlich.
Ja, man kann sehen, was Erntedankfest bedeutet – Gaben, von denen wir leben, etwa dieses kleine Körbchen von Kindern aus dem Kindergarten mit Tomaten, Äpfeln; Dinge, die wir gernhaben, über die wir uns freuen, etwa dieser große Stoffhund, ein geliebtes Spielzeug, das ein Kind am Erntedankfest weiterschenken möchte; und auch das große Stück Kohle, das immer im Altarraum dieser Kirche liegt: Gaben Gottes, für die wir an diesem Tag danken wollen.

Lied: Wir pflügen und wir streuen *(EKG 551)*

Eingangsworte

Psalmwort
Herr, deine Güte reicht, so weit der Himmel ist,
deine Treue, so weit die Wolken ziehn.

Deine Gerechtigkeit steht wie die Berge Gottes,
deine Urteile sind tief wie das Meer.
Herr, du hilfst Menschen und Tieren.
Gott, wie köstlich ist deine Huld!
Die Menschen bergen sich im Schatten deiner Flügel,
sie laben sich am Reichtum deines Hauses;
du tränkst sie mit dem Strom deiner Wonnen.
Denn bei dir ist die Quelle des Lebens,
in deinem Licht schauen wir das Licht. *(Ps 36, 6–10)*

Gebet
Herr, deine Güte reicht, so weit der Himmel ist.
Unser Reichtum reicht nur für uns.
Du hast uns alles geschenkt: das Getreide auf dem Feld,
die Kohlen untertage, die Pläne und Maschinen in den Fabriken,
und den Teddybär im Kinderzimmer.
Herr, deine Güte reicht, so weit der Himmel ist.
Unser Reichtum reicht nur für uns.
Vergessen haben wir:
zu danken,
nachzudenken,
weiterzuschenken.
Vom Reichtum sind wir umgeben wie von goldenen Ketten,
die uns gefangen halten:
besitzen wollen,
herrschen wollen,
festhalten.
Das ist unsere Sünde.
Das bekennen wir dir.
Und bitten dich:
Mach uns zu Menschen,
die annehmen können und sich freuen,
die sich freuen und weitergeben,
die weitergeben und Gemeinschaft erfahren:
mit dir, von dem alles kommt,
mit anderen Menschen, denen alles fehlt.
Amen.

Meditation
»ICH BIN DER WEINSTOCK, IHR SEID DIE REBEN«
Wir haben viel zusammengetragen in den letzten Tagen. Mit dem Kindergarten

vor allem und mit den Schulen. Früchte und Konserven, Brot – ja, auch Dinge zum Spielen. Wir haben etwas von dem, was uns gehört, abgegeben.
Und gleich wollen wir etwas von dem, was hier vorne liegt – das Brot und die Trauben –, unter uns verteilen, so daß jeder etwas bekommt.
Weintrauben. Ich habe hier eine schöne große Traube. Viele Beeren hängen daran. Die Traube ist so schwer, daß der Ast sie kaum noch halten kann. Schauen wir sie uns einmal genauer an.
Alle Beeren sind miteinander verbunden. Ganz eng hängen sie aneinander. Und dabei sind die einzelnen Beeren doch ganz verschieden. Da gibt es große und kleine. Manche haben einen Fleck; manche sind schon ganz reif und saftig; andere müssen noch reifen.
Reifen und Wachsen – das tun sie alle. Die können das nicht von sich aus. Den Saft, die Lebenskraft bekommen sie aus dem Stamm. Und sie hängen alle letztlich ja an *einem* Stamm. Einige hängen oben, da, wo der Ast noch dicker ist. Andere hängen ganz unten.
Ist es nicht seltsam, daß auch die da unten zum Teil ganz dick sind, ganz saftig und wahrscheinlich auch ganz süß? Die da oben haben den Saft nicht für sich behalten.
Da kommt also Saft aus dem Stamm, und alle bekommen etwas ab. Es hätte ja auch anders sein können: so, daß die da oben ganz dick werden und die da unten vertrocknen. Aber hier ist das so, daß alle so viel bekommen, wie sie brauchen. Und keine kann mehr für sich behalten, als sie braucht. So können auch die da unten wachsen.
Der Lebensstrom, die Lebenskraft, der Saft kommt nicht aus den Beeren selbst. Er kommt aus dem Stamm und letztlich aus dem Boden. Und die Sonne ist dabei auch ganz wichtig. – Die Beeren bekommen etwas, und deshalb können sie wachsen. Alle.
Können nicht auch Menschen so wie eine Traube sein? Laßt uns das doch mal versuchen. Vielleicht kommen die Kinder, die hier vorne sitzen, hier an die Treppe und versuchen, eine Traube darzustellen.
(Alle fassen sich an den Schultern; wenn's gelingt, ist die Traube oben dick und verdünnt sich nach unten.)
Jetzt sind alle miteinander verbunden. Alle stehen ganz eng zusammen. Wenn einer fällt, dann kann er sich jetzt eigentlich nicht mehr wehtun. Die anderen stützen ihn ja. Oder sie stürzen alle zusammen. Das kann natürlich auch passieren. Aber hier halten alle fest zusammen. Keiner steht draußen.
(Die Kinder setzen sich wieder hin.)
Menschen können sein wie eine Traube. Jesus hat einmal seinen Freunden einen Weinstock gezeigt. Und dann hat er gesagt: Der Stamm – das bin ich. Und ihr seid die Reben – oder wir können auch sagen: die Trauben, die alle daran hängen und die ihre ganze Lebenskraft aus dem Stamm bekommen.

Menschen hängen so eng zusammen wie die Beeren an einer Traube. Die Freunde Jesu sind wie eine Traube. Die Kraft zum Leben haben sie nicht von sich selber, die haben sie von Jesus. Sein Leben hat ihnen Kraft gegeben: So, wie er geredet hat, wie er mit anderen Menschen umgegangen ist – das hat ihnen Kraft gegeben, das war für sie ein Grund, sich zu freuen. Sie erfuhren und wußten: Es ist gut zu leben. Und es ist gut, daß andere da sind.
Und wenn wir jetzt gleich Brot und Trauben untereinander teilen – vielleicht können wir das dann auch so verstehen.
Wir brechen *Brot*. Wir teilen das, was wir haben, miteinander – so daß jeder etwas bekommt. Keiner ist ausgeschlossen.
Und wir essen von den *Trauben*. Die gehören eigentlich alle zusammen. Und genauso gehören wir, die Freunde Jesu, das Volk Gottes, zusammen.
Wie sieht das bei uns aus? Haben bei uns alle die Möglichkeit, zu wachsen, sich zu entfalten? Wie hier an dieser Traube?
Wir geben jetzt diese schönen großen Brote durch die Reihen. Und dann nimmt jeweils einer das Brot, und der Nachbar bricht ein Brötchen ab. Das teilen wir uns dann. Und das Brot geben wir weiter an die nächsten beiden.
Und von den Trauben nimmt sich jeder zwei, drei Beeren. Dann wird das, was wir hier haben, für alle reichen.

Chor: Laßt uns den Herren loben *(H. Schütz)*

Kanon
Lobet und preiset ihr Völker den Herrn,
freuet euch seiner und dienet ihm gern,
all' ihr Völker, lobet den Herrn.

Biblische Erzählung
DIE ARBEITER IM WEINBERG
Am Morgen dieses Tages standen die Männer wie an jedem anderen Arbeitstag auch auf dem Marktplatz des Dorfes und warteten. Warten mußten sie und hoffen, daß einer der Grundbesitzer, einer der wohlhabenden Weinbergbesitzer, kam und ihnen Arbeit und Lohn gab. Denn keiner von ihnen hatte einen festen Arbeitsplatz. Keiner von ihnen konnte am Morgen wissen, ob er für den Tag Arbeit fand und am Abend genug Geld nach Hause brachte, um die Familie für einen weiteren Tag zu ernähren.
So stand diese Gruppe von Männern schweigend um den Dorfbrunnen des Marktplatzes herum und wartete. Ein schöner, heißer Sommertag kündigte sich an. Hart würde die Arbeit an diesem Tag sein, das wußte jeder. Wenn die Sonne um die Mittagszeit auf die Felder brennt, man arbeiten muß in den Weinbergen, den harten Steinboden bearbeiten und die Reben beschneiden – das ist Knochenarbeit. Und

trotzdem – Hauptsache Arbeit, Hauptsache ein Verdienst, um die Familie für einen Tag ernähren zu können. So dachten sie, die Männer des Dorfes am Morgen dieses Tages.
Und es fing gut an an diesem Tag – wenigstens für einige. Der Herr eines großen Weingutes kam gegen sechs Uhr morgens, sprach einige aus der Gruppe an und gab ihnen Arbeit in seinem Weinberg. Andere Grundbesitzer kamen, vergaben Arbeit, versprachen Lohn. Doch noch immer waren da viele, die keine Arbeit hatten. Die wußten, daß es wieder einmal nicht reichen würde. Vielleicht bekamen sie noch für einige Stunden Arbeit – vielleicht, aber von den paar Groschen Lohn, da konnte keine Familie satt werden.
Trotzdem gingen sie mit, als der Herr des großen Weingutes wieder auf den Marktplatz kam und weitere Arbeiter suchte – am Vormittag, um die Mittagszeit und schließlich noch einmal am Spätnachmittag, als die Kraft der Sonne schon nachgelassen hatte, die Hitze des Tages gewichen und ein kühler Abendwind aufgekommen waren. Wenigstens noch für kurze Zeit Arbeit, wenigstens ein paar Groschen, so dachten sie und zogen mit in den Weinberg, arbeiteten mit den anderen, lockerten den Boden, beschnitten die Reben.
Inzwischen war es Abend geworden, sechs Uhr, Feierabend. Die einen waren erleichtert. Sie hatten den ganzen Tag in der Hitze schuften müssen und konnten nun einen ganzen Tageslohn einstreichen. Die anderen waren bedrückt. Nur noch für kurze Zeit hatten sie Arbeit bekommen. Mehr als ein paar Groschen hatten sie nicht zu erwarten.
So bewegte sich die ungleiche Gruppe langsam auf das Verwaltungsgebäude des Weingutes zu. Dort sollte das Geld ausbezahlt werden.
»Da haben wir ja mal wieder Glück gehabt«, meinte einer aus der Gruppe zu dem neben ihm Gehenden. »Na, das kannst du wohl sagen«, entgegnete der, »wenn ich da an die armen Schlucker denke, die erst um fünf Uhr angefangen haben, für die wird es wohl nicht viel geben.« – »So ist das nun mal im Leben, da können wir auch nichts dran ändern«, meldete sich ein dritter aus der Gruppe zu Wort. Und gemeinsam ging man weiter zum Verwaltungsgebäude des Herrn der Weinberge.
Bis hierher eine normale Geschichte, eine gewöhnliche Alltagsbegebenheit. Alles schien klar zu sein, für die, die Glück gehabt hatten und eine Chance, mehr zu arbeiten und mehr zu verdienen, und für die, die das Pech hatten, erst spät Arbeit zu bekommen.
Und dann wurde es doch ein ungewöhnlicher, überraschender Abschluß des Tages, anders als üblich im Leben und bei der Arbeit. Sie sahen es schon, als sie an den Tisch kamen, auf dem der Lohn lag: lauter Silberstücke, keine kleinen Münzen für die Zukurzgekommenen. Und dann geschah es auch: Der Herr gab jedem, gleich wann er mit der Arbeit hatte anfangen können, ein Silberstück, den vollen Tageslohn, für jeden genug, um leben zu können, um den nächsten Tag überleben zu können. Jeder erhielt das, was er zum Leben brauchte. Natürlich

waren die, die den ganzen Tag bei der Hitze geschuftet hatten, erbost, daß alle den gleichen Lohn bekamen, und sie riefen zu dem Herrn: Was soll das! Das ist doch nicht gerecht! Wofür haben wir eigentlich gearbeitet? Daß diese genausoviel kriegen wie wir? Aber der Weinbergbesitzer blieb bei seiner Entscheidung und antwortete den aufgebrachten Arbeitern: Warum regt ihr euch so auf? Ihr habt genug bekommen, um leben zu können. Aber auch diese anderen – und er zeigte auf die später Gekommenen – wollen leben. Ist es denn da nicht richtig, auch ihnen das zu geben, was sie zum Leben brauchen?

So endet diese Geschichte – diese Begebenheit aus dem Alltag Palästinas. Sie endet mit einer Frage – und die Antwort auf diese Frage, sie bleibt offen. Offen für unsere Stellungnahme, offen für unsere Antwort.

Denn die Geschichte ist weitergegangen, und viele Millionen Menschen sind es inzwischen, die auf dem Land des Herrn arbeiten und leben. Und immer noch sind die Chancen, immer noch ist die Möglichkeit, Arbeit und Brot zu bekommen, sehr unterschiedlich verteilt. Da war ein Drittel der Menschheit, die waren schneller als die anderen, und sie erfanden Maschinen und Werkzeuge, mit denen sie gut arbeiten und verdienen, sehr gut leben können. Und da sind die anderen, zwei Drittel der Menschheit, die kaum eine Chance haben, zu arbeiten und zu erhalten, was sie zum Leben brauchen. Ja, so geht es heute zu auf dem Land des Herrn. Die einen arbeiten und verdienen 100 Mark am Tag – mehr, als sie zum Leben brauchen. Und die anderen – sie haben wenig zum Bearbeiten und wenig zum Leben, 16 Mark im Monat – zu wenig, um zu überleben. Wo aber bleibt der Herr, der jedem gibt, was er braucht? Wer bringt zusammen, was auseinanderzubrechen droht?

Der Herr, er hat uns in die Freiheit entlassen. Er traut uns zu, selbst Gerechtigkeit und Ausgleich zu schaffen. Er läßt sich vertreten durch uns. Er ist da unter uns, wo wir an seiner Stelle handeln, wo wir uns ihm entsprechend verhalten.

Wie sieht sie denn aus, die neue Welt Gottes? So wurde Jesus damals gefragt von den Menschen, die um ihn waren. Und er erzählte die Geschichte von dem Herrn, der allen gab, was sie zum Leben brauchen.

Wie kann sie denn anders werden, die Welt, damit alle Menschen leben können und keiner mehr verzichten muß auf das, was der andere in Fülle besitzt? So fragen wir heute. Und wir spüren die Antwort: Die neue Welt Gottes, die fängt da an, wo wir füreinander einstehen, wo wir so teilen und einander weitergeben, wie wir es eben mit Brot und Trauben getan haben.

Wenn wir untereinander teilen, was wir ernten von dem Land des Herrn, auf dem wir gemeinsam arbeiten, dann wird Hoffnung wachsen für diese Welt.

Wenn wir von unserem Reichtum abgeben, damit andere Menschen das erhalten, was sie zum Leben brauchen, dann entsprechen wir dem Willen des Herrn.

Lassen Sie uns das in diesem Gottesdienst am Erntedankfest einmal versuchen. Wir wollen einfach das, was Menschen in der Dritten Welt zum Leben haben für

einen Tag, entgegennehmen, annehmen, und wir wollen umgekehrt ihnen geben, was wir an einem Tag zum Leben selbstverständlich haben.
Wir wollen ein Zeichen setzen. Damit verändern wir nicht die Welt. Aber wir wissen: Zeichen prägen sich ein, können uns und andere in eine Richtung lenken, zu einem gemeinsamen Leben, in dem wir einfacher leben, damit andere einfach überleben können.
Und dieses Zeichen soll heute Reis sein:
150 Gramm Reis, eine Handvoll – davon lebt ein Mensch in der Dritten Welt einen Tag – für uns kaum vorstellbar.
Und da ist das Geld, was wir an einem Tag zum Leben ausgeben – für die Menschen der Dritten Welt kaum vorstellbar. Wir wollen alles, was wir haben, als Gemeinsames annehmen. Entgegennehmen den Beutel Reis und abgeben, was wir an einem Tag zum Leben brauchen. So setzen wir ein Zeichen der Gemeinschaft und helfen indischen Bauern, ihre Reisfelder mit Maschinen und Bewässerungsanlagen besser zu bestellen und mehr zu ernten. Dafür ist das Geld bestimmt, das wir einsammeln, wenn wir abgeben, was wir an einem Tag zum Leben brauchen.

Aktion
LEBEN – ÜBERLEBEN – EINFACHER LEBEN: Eine Tagesration Reis
(Alle Gottesdienstteilnehmer kommen nacheinander zum Altarraum und erhalten dort von einem Helfer eine Papiertüte mit Reis; in einen Weidekorb, hinter dem ein »Brot-für-die-Welt-Plakat« steht, können sie dann ihre Spende ablegen. Anschließend gehen alle wieder zu ihrem Platz.)

Lied: Herr, deine Liebe *(tvd B 14; Halleluja 110)*

Fürbittengebet
Herr, wir alle haben etwas bekommen. Brot und Trauben,
eine große Ernte, Besitz und Geld.
Das alles gehört nicht uns allein.
Deine Güte ist für alle da.
Darum sollen unsere Güter allen zugute kommen.
Denn wir alle leben vom Geschenk.
Darum bitten wir für die Menschen, die alles haben,
die nicht abgeben können und gefangen sind in sich selbst:
öffne uns die Herzen, wieder mitfühlen zu können,
öffne uns die Hände, daß wir weiterschenken können.
Herr, wir alle haben etwas bekommen,
wir haben geteilt und Gemeinschaft erfahren.

Darum bitten wir für die Menschen,
die nichts haben als eine Handvoll Reis.
Beende ihre Armut und hilf, daß wir die Güter
dieser Welt gerechter verteilen.
Herr, wir alle haben etwas bekommen:
Du bist der Weinstock, wir sind die Reben.
Darum bitten wir für die Menschen,
die traurig sind,
die krank sind, die sich verletzt fühlen,
für alle Menschen,
die an Einsamkeit leiden.
Laß sie erfahren, daß du die Kraft zum Leben schenkst,
tröstest, einen neuen Anfang schaffst.
Hilf uns zu einem gemeinsamen Leben,
in dem wir einfacher leben,
damit andere einfach überleben können. Amen.

Vater unser

Segen

Musik zum Ausgang

Technik und Vorbereitung

Der Vorbereitungsaufwand für diesen Gottesdienst hält sich in Grenzen. Schwierig war die Beschaffung geeigneter Papiertüten – wir erhielten sie schließlich in einem »Tante-Emma-Laden« geschenkt. Drucktechnisch bestehen keine Probleme, allerdings kann der Aufdruck »Leben – überleben – einfacher leben: Eine Tagesration Reis« nur von einer professionellen Druckerei erstellt werden. Dies ist nicht ganz billig.
Einen 50-kg-Reissack besorgten wir uns aus einer Großmühle und waren erstaunt, wie preisgünstig im Vergleich zu abgepackter Ware ein solcher Sack Reis ist! Für das Abfüllen der Rationen in die Tüten braucht eine Kleingruppe ca. 2 Stunden. Das Plakat von »Brot-für-die-Welt« (abgebildet sind die Hände eines Schwarzen und eines Weißen, die gemeinsam ein Brot brechen) ist in den gängigen »Brot-für-die-Welt-Mappen« enthalten und läßt sich leicht auf Spanplatte aufziehen.

Kommentar

Nach unseren Eindrücken hat dieser Familiengottesdienst die Teilnehmer außerordentlich stark betroffen gemacht. Daß es trotzdem nicht zu einer depressivschuldbehafteten Atmosphäre kam, lag offensichtlich an der Zeichenhandlung, die durchweg als ermutigend erlebt wurde (»Wir können etwas tun«). So wurde der Gottesdienst zu einer Chance des Teilens. Und diese Chance blieb nicht ungenutzt. Das Kollektenergebnis lag höher als das der Weihnachtsgottesdienste der vergangenen Jahre.

Auch in diesem Gottesdienst gab es wieder verbale Längen. Sowohl die Meditation über die Rebe und die Trauben wie auch die Gleichniserzählung hätten kürzer ausfallen können.

2. Erde begreifen und empfangen

»Als die Menschen anfingen,
diese Erde zu lieben
wie eine Mutter,
da geschah es,
daß sie Familiensinn entwickelten,
sich selbst neu begriffen
als Teil dieser Schöpfung:
Da wurde wichtig,
was selbstverständlich schien.
Da wurde kostbar,
was zuvor verschleudert,
was immer vorhanden:
der Duft des Windes,
die Klarheit des Wassers,
das Glitzern der Tannennadel,
das Summen der Insekten,
die Wärme der Erde.
Als die Menschen anfingen,
diese Erde zu lieben,
da wurde ihnen Aufschub gewährt.«

Idee und Gestaltung

Mit diesen Worten begann der Liederzettel des Familien-Gottesdienstes zum Erntedankfest. Wieder ein Verhältnis zur Schöpfung, zur Bebauung und Bewahrung der Erde zu entwickeln, das sollte in diesem Gottesdienst sinnfällig und handgreiflich erfahren werden. Darum stand in seinem Mittelpunkt eine Pflanzaktion. Ähnliche Motive haben sich auch beim Kirchentag bewährt. Vielleicht gelingt es in Familiengottesdiensten noch am ehesten, den Geist von Kirchentagen, von Katholikentagen in die Gemeinde zu übertragen. Erde anfassen, eine Pflanze mit Erde umgeben, dem Wachstum vertrauen und sich selber wieder als Bestandteil der Schöpfung erfahren, das ist die Grundidee dieses Gottesdienstes. Große Behälter mit Erde standen im Altarraum, ein großer Korb mit Blumenzwiebeln, außerdem hatten wir kleine Blumentöpfe besorgt. Ergänzend zu den Erntedank-Gaben schmückten diese Gaben der Schöpfung den Altarraum – und machten gleichsam symbolisch deutlich: Wir schlagen eine Brücke von den Früchten der Ernte, von den Gaben der Schöpfung hin zum Beginn der Schöpfung, zur Aufgabe der Schöpfung. Auch inhaltlich wird das im Gottesdienst verdeutlicht: Es ist inzwischen Tradition bei uns geworden, Brot und Trauben miteinander zu teilen. Auch hier: von den Früchten der Erde, für die wir dankbar sind, zurück zu den Voraussetzungen des Wachstums: Schöpfung als Geschenk Gottes, Verantwortung vor dem Schöpfer als Verantwortung gegenüber der Schöpfung: aus Dankbarkeit heraus neu ermuntert werden, dieser Schöpfung mit Achtung und Verantwortungsbewußtsein zu begegnen.
Verknüpft war dieser Aktionsteil mit dem biblischen Gleichnis vom Sämann: Denn Leben und Glauben brauchen guten Boden, um wachsen und sich entwickeln zu können.

Durchführung

Vor dem Gottesdienst wurde die Kirche geschmückt, auch mit den Gaben, für die wir – über die Früchte des Feldes hinaus – dankbar sind: Essen und Trinken, ein Teddybär und Kohle, Wärme und Beruf. Dazu gehörten dann auch die Erde und Zwiebeln für den Aktionsteil.

Intrade des Posaunenchores

Begrüßung
Herzlich willkommen zu diesem Familiengottesdienst. Wir feiern heute Ernte-

dankfest. Wir danken Gott für alles, was er uns zum Leben schenkt. Und wir haben ja eigentlich wirklich alles, was wir zum Leben brauchen:
Essen und Trinken, Freunde und Spielzeug, Wärme, Musik, Papier, Beruf . . . All das ist gar nicht selbstverständlich. Es gibt so viele Menschen auf der Welt, die dies nicht haben. Daran wollen wir denken, wenn wir uns an diesen Gaben freuen.

Lied: Nun preiset alle Gottes Barmherzigkeit *(EKG 380,1.4.5)*
oder: **Nun singt ein neues Lied dem Herrn** *(GL 262, 1–3)*

Eingangsworte

Meditation
Die Lebensmittel, die wir zum Leben brauchen –
merken wir eigentlich noch, wem wir sie verdanken?
Die Gegenstände, die wir in den Fabriken herstellen –
fragen wir eigentlich noch, wem sie dienen,
und wem sie schaden?
Die Früchte, die wir genießen –
lassen sie uns noch dankbar werden gegenüber Gott?
Und wenn wir von Macht reden –
ist es nicht immer die Macht von Menschen?
Was trauen wir dir, Gott, noch zu?
(nach Ps 145)

Gebet
Herr, unser Gott, ich möchte wieder anfangen:
in der Fülle der Lebensmittel deine Güte erfahren; und selber Verantwortung für gerechte Verteilung übernehmen. Bei technischen Entwicklungen fragen, ob sie dem Leben dienen – oder nur der Ablenkung.
Die Natur nicht sinnlos ausnutzen, sondern neu lieben lernen, was du uns geschenkt hast.
Alle Augen warten auf dich, Herr. Und du gibst ihnen Speise zu ihrer Zeit, du tust deine Hand auf und erfüllst alles, was lebt, mit deinem Wohlgefallen.
Du hast genug gegeben, daß alle satt werden könnten. Hilf, daß wir wahr werden lassen, was du gewollt hast. Amen.

Kyrie *(Kirchentags-Melodie)*

Gott vergibt uns unsere Schuld:
Eine neue Erde und einen neuen Himmel, so verspricht uns der Herr,
er macht mit uns einen neuen Anfang. Dafür wollen wir danken und ihn loben.

Ehre sei Gott *(Kirchentags-Melodie)*

Biblische Erzählung

DAS GLEICHNIS VOM SÄMANN

Das mit dem Glauben ist eine schwierige Geschichte. Besonders für Erwachsene. Manchmal glauben sie – und manchmal bricht ihr ganzes Gottvertrauen in sich zusammen. Wie soll es da erst den Kindern gehen.

Jesus hat dazu eine schöne Geschichte erzählt. Eine Geschichte zum Zuschauen, zum Anfassen.

Es war da ein kleines Pflänzchen, das suchte gute Erde. Es wollte wachsen. Aber da, wo es wachsen wollte, war der Boden steinhart, felsig. Und der Felsen sagte zu dem Pflänzchen: So ist das nun mal in unserer Welt. Steinhart mußt du sein, nur dann kannst du was erreichen. Steinhart. Daß alles an dir abtropft. Dich keiner kleinkriegen und weichmachen kann. So sagte der Fels zum Pflänzchen. Und das Pflänzchen versuchte zu leben, Wurzel zu fassen, aber es fand beim Felsen keinen Halt, keine Wärme, keine Lebendigkeit, keine Nahrung – und verdorrte und starb.

Ein anderes Pflänzchen wollte ebenfalls wachsen. Aber da, wo es wachsen wollte, war ein Weg. Und der Weg sagte zu dem Pflänzchen: Das ist kein guter Platz zum Leben. Hier laufen die Menschen hin und her, achtlos, du hast keine Chance. Und das Pflänzchen, das gerade Wurzeln schlagen wollte, wurde zertreten und starb.

Ein anderes Pflänzchen wollte auch leben. Aber da, wo es wachsen wollte, da wuchsen harte Dornen. Und die Dornen sagten zu dem Pflänzchen: So schaffst du es nie: Du mußt dir harte Stacheln, Waffen besorgen, um andere zu verletzen, um dich zu wehren. Nur dann hast du eine Chance. Du kleines und verletzliches Pflänzchen hast in dieser Welt keine Chance. Und so geschah es auch. Das Pflänzchen wuchs ein wenig, aber die Dornen waren dichter und härter, und das Pflänzchen erstickte schließlich.

Das letzte Pflänzchen jedoch fand einen guten Platz. Warme, feuchte Erde, gutes Land. Und die Erde sagte: Bei mir kannst du Wurzeln schlagen. Und wenn du wächst, wirst du vielen neues Leben schenken. Und dieses Pflänzchen, das einen guten Platz gefunden hatte, erbrachte hundertfaches Leben.

Was das mit dem Glauben zu tun hat? Das haben die Menschen Jesus damals auch gefragt. Und er erklärte ihnen: Das Pflänzchen heißt Gott-Vertrauen. Dein Vertrauen zu Gott kann am besten in einem guten Herzen wachsen, nicht in den dornigen Herzen, die mit trotzigen Waffen leben, nicht in den steinharten Herzen. Sondern in einem guten und warmen Herz. Dann wird dein Vertrauen zu Gott anderen Menschen neues Vertrauen zum Leben schenken.

(nach Lk 8, 4–15)

Lied: Wenn das rote Meer grüne Welle hat *(tvd B 46)*

Aktion I
BROT UND TRAUBEN *(vgl. Seite 142–144)*

Aktion II
VERANTWORTUNG FÜR DIE SCHÖPFUNG
Der Himmel geht über allen auf – über allen Menschen, über allen Tieren, über der ganzen Natur, über der ganzen Welt, über der ganzen Schöpfung Gottes: eine Schöpfung voller Wunder.
(Erde in die Hand nehmen:) Eine Handvoll Erde, kein Dreck, sondern gute Erde, Mutterboden. Nicht tot und leblos, sondern voller Leben. Diese Erde ermöglicht Leben. In ihr kann Leben entstehen, sich entfalten, wachsen. – Verborgen zunächst für uns.
Auch wenn es kalt und stürmisch ist draußen und alles hart gefroren erscheint: In der Erde regt es sich, beginnt schon in Kälte und Dunkelheit neues Leben.
Eine Handvoll Erde – nicht mehr, aber diese Handvoll Erde kann Mutterboden für neues Leben werden.
(Zwiebel in die Hand nehmen:) Eine kleine Zwiebel, unscheinbar, fast vertrocknet. Kann daraus noch etwas werden? Es kann. In dieser Zwiebel steckt das Leben einer neuen Pflanze, einer kleinen Blume. Ganz zart noch, ganz verletzbar, aber voller Leben. Diese Zwiebel wird sich entfalten. Aber sie braucht Erde – und noch mehr: Sie braucht unsere Pflege, unseren Schutz, unsere Liebe.
(Einen Globus in die Hand nehmen:) Ist es nicht auch so mit unserer ganzen Erde, unserer ganzen Welt? Sie ist ein großes Wunder und steckt voller vieler kleiner Wunder. Auch wir, die Menschen, du und ich und Sie, wir alle sind ein Teil dieses Wunders.
Gott hat dieses große Wunder unserer Welt und all die kleinen Wunder in ihr uns, den Menschen, anvertraut: dir und dir und Ihnen und mir: Bewahre sie gut, pflege sie, sorge für sie, damit Pflanzen wachsen können, damit Menschen glücklich werden, damit Leben sich entfalten kann! Gott hat uns diese Welt anvertraut. Er hat das Vertrauen zu uns, daß wir sorgen, behutsam, liebevoll, verantwortlich mit ihr umgehen. Ja, Gott hat uns Verantwortung gegeben.
Wir haben Brot und Trauben bekommen und untereinander geteilt. Wir haben es nicht für uns behalten, sondern sind damit so umgegangen, daß es für alle reichte.
Gott hat uns Verantwortung gegeben. Er hat uns die Welt, seine Schöpfung anvertraut, damit Leben möglich wird und möglich bleibt und sich entfalten kann.
Wir wollen heute selber ein Stück neues Leben pflanzen: den Anfang, den Samen, die Zwiebel einer Blume setzen wir in den Mutterboden. Mit der Hoffnung, daß Leben sich entfaltet und wächst.

Und so wie dieses Leben braucht alles Leben auf der Erde unseren Schutz, unsere Fürsorge, unsere Liebe.
(Globus zeigen:)
Diese Welt ist gefährdet:
- die rücksichtslose Ausbeutung der Rohstoffe vernichtet die Natur;
- überzogenes Leistungsdenken im Kindergarten, in der Schule, bei der Arbeit vernichtet Solidarität und Gemeinschaft;
- technische Entwicklungen vernichten oft genug menschliche Fantasie und Wärme;
- Krieg vernichtet alles Leben.

Natur, Gemeinschaft, Fantasie, das Leben - Gaben, die uns anvertraut sind von Gott. Wie gehen wir damit um? Wir singen das Pflanzlied ...

Lied: Pflanz doch die Hoffnung des Himmels *(P. Janssens)*

Wir kommen nach vorn. Jeder erhält einen kleinen Tontopf und nimmt sich eine Handvoll Erde. Fühlt einmal die Erde; diese Erde, die Leben ermöglicht, diesen Mutterboden. Jeder erhält eine Blumenzwiebel. Betrachtet sie, dieses kleine, unscheinbare Ding. Und dann setzt es vorsichtig in die Erde, den Keim nach oben, und bedeckt es wieder mit Erde.
Und dann geht zurück auf euren Platz. Pflegt die Pflanze gut: Schaut immer wieder nach ihr, gießt sie vorsichtig, damit die Erde feucht bleibt. Am besten stellt ihr sie zunächst auf den Balkon, nach draußen und holt sie erst nach Weihnachten ins Zimmer hinein. Dann wächst sie am besten. Nun laßt uns pflanzen.

Lied: Wir pflügen und wir streuen *(EKG 551,1.2.4)*

Gebet
Herr, unser Gott,
wir haben Brot und Trauben geteilt;
hilf uns, daß wir in unserem Leben einander geben und teilen,
was nötig ist.
Erde haben wir begriffen und empfangen,
eine kleine Blumenzwiebel gepflanzt;
hilf uns, daß wir zum Staunen, zur Freude und Dankbarkeit zurückfinden
und die Verantwortung wahrnehmen, die du uns für diese Erde,
deine Schöpfung, übertragen hast.
Herr, unser Gott,
bleibe du uns treu, daß wir zu allen Zeiten erhalten
Essen und Trinken
Wohnung und Arbeit
Liebe und Gemeinschaft.

Vater unser

Lied: Komm, Herr, segne uns *(tvd B 84)*

Segen

Orgelnachspiel

Technik und Vorbereitung

Es ist wichtig, daß wirklich alle Gottesdienstbesucher, auch die Erwachsenen, in die Aktion einbezogen werden. Es ist daher auch nötig, ausreichend Erde bereitzustellen (lieber nachmessen, wie viel Erde erfahrungsgemäß in ein Blumentöpfchen paßt). Als Behälter wurden kleine Tontöpfe verwendet. Alle Hilfsmittel für diesen Gottesdienst haben wir über Gärtner aus unserer Gemeinde bekommen. Sie haben uns auch beraten, welche Blumenzwiebel zur Erntedankzeit gesetzt werden kann.
Es sind zahlreiche Helfer erforderlich. Um keine Längen, aber auch keine Hetze in den Gottesdienst zu bringen, ist es nützlich, viele verschiedene Stellen zu haben, wo Erde bereitgestellt ist und wo gepflanzt werden kann. In einer »mobilen Kirche« kann die Anordnung des Kirchentages übernommen werden: Gruppen mit etwa zehn bis zwölf Gottesdienstbesuchern werden gebildet (wenn die Stühle in der Kirche beweglich sind), und diese arbeiten gemeinsam aus und an einem Korb Erde. Das unterstreicht den Gemeinschafts-Charakter der Schöpfungsverantwortung.
Aus praktischen Gründen ist es auch wichtig, die beiden Aktionen dieses Gottesdienstes (Brot/Trauben und Pflanzen) in der dargestellten Reihenfolge zu belassen. Die Pflanzaktion gehört in den Schlußteil des Gottesdienstes.
Das Pflanzlied sollte vorher mit der Gemeinde »eingesungen« werden. Es läßt sich sehr leicht lernen (»Ohrwurm«).

3. Solange die Erde steht

Idee und Gestaltung

Dank für die uns anvertraute Erde mit ihren umfassenden Lebensmöglichkeiten, das ist das Grundmotiv dieses Gottesdienstes. Dabei soll auf den Grund des Dankens verbal und zeichenhaft verwiesen werden: auf Gottes Treue zu seiner Schöpfung, auf sein Versprechen, den Bund mit den Menschen zu halten: »Solange die Erde steht . . .« (Gen 8,22).

Mit diesen Worten wurde Gottes Versprechen Noah gegeben, und so darf es sich auch die christliche Gemeinde heute noch zueignen. Das Symbol für die Fortdauer und Zuverlässigkeit der zugesicherten Bundestreue Gottes zu dieser Welt ist der Regenbogen: Zeichen der Beständigkeit Gottes, aber ebenso auch Zeichen dafür, daß trotz des zerstörerischen und verschwendenden Handelns der Menschen Gott diese Erde nicht aufgibt, sondern von uns Menschen als seinen Bundespartnern auch ein bundestreues Handeln fordert.
Die beiden Deutungspole des Symbols »Regenbogen«, Gottes Zusage an uns und der gleichzeitige Anspruch an uns, dieser Zusage auch zu entsprechen, sollen im Aktionsteil des Gottesdienstes verdeutlicht werden, in dem jeder Gottesdienstbe-

sucher seinen Teil des Versprechens (ein Kartonkärtchen in einer Farbe des Regenbogens) zur Herstellung eines großen Regenbogens abgibt und an einer großen Pinwand anheftet. Die Grundgedanken des Gottesdienstes werden durch die biblische Erzählung auf der Grundlage von Gen 8 und 9 eingeführt und in den meditativen Teilen weiter entfaltet. An die Sintflutgeschichte wird zwar angeknüpft, ihre theologische Problematik aber wird nicht weiter entfaltet, da dies den erzählerischen Rahmen sprengen würde. Vielmehr haben wir Wert darauf gelegt, daß die heutigen Fragen und Ängste bezüglich der Bedrohung der Schöpfung und der Sinnhaftigkeit unseres Handelns angesichts der ökologischen Krise vorkommen und angesprochen werden.
Das Schmücken des Altarraums mit Erntegaben durch Kindergarten- und Kindergottesdienstkinder und auch die Brot- und Trauben-Meditation und -Verteilung sind in unserer Gemeinde Tradition und wurden in das gottesdienstliche Geschehen eingearbeitet, indem besonders in der Brot- und Trauben-Meditation der Anspruchscharakter des Bundesschlusses Gottes mit uns Menschen neutestamentlich geweitet wird. Zum Ende des Gottesdienstes wird ein Button mit dem Regenbogenmotiv verteilt. Der Button soll eine sichtbare und erinnernde Form sein, Gottes Versprechen auf uns persönlich zu beziehen, es mitzunehmen über die Stunde des Gottesdienstes hinaus und durch das Tragen des Buttons auch an andere weiterzusagen.
Die Lieder des Gottesdienstes, die wir ausgewählt haben, sind durch andere ersetzbar. Besonders zum Symbol des Regenbogens finden sich gut singbare Kinderlieder in »111 Kinderlieder zur Bibel«. So bietet sich zum Beispiel als Alternative zu den von uns genannten Liedern an, im Anschluß an die biblische Erzählung das »Regenbogenlied« (Nr. 18E) zu singen und den Aktionsteil des Gottesdienstes durch die Lieder »Denn solange die Erde steht, soll nicht aufhören« (Nr. 18D) und »Leuchte, leuchte bunter Regenbogen« (Nr. 20) zu rahmen.

Durchführung

Glockenläuten

Begrüßung

Liebe Kinder, liebe Erwachsene, liebe Gemeinde!
Ich begrüße Euch/Sie ganz herzlich zu diesem Gottesdienst am Erntedankfest, den wir zusammen feiern wollen und der uns zum Danken einlädt.
Wir sind zwar alle keine Bauern, haben keine Felder zu bestellen, höchstens vielleicht einen kleinen Garten – für was haben wir als Stadtmenschen also an einem solchen Tag zu danken?

Ich denke, liebe Gemeinde, erst einmal dafür, daß wir all das, was wir zum Leben brauchen, bekommen haben und bekommen: für das Essen und Trinken, für die Kleidung und Wohnung, aber auch für unsere Arbeitskraft und unseren Verdienst, für alle Liebe, Geborgenheit und Zuwendung, die wir von anderen erfahren haben, für die Freude an uns und unseren Kindern und für vieles mehr.
Dafür wollen wir heute »Danke« sagen. Und wir wollen uns erinnern lassen, daß wir dies alles geschenkt bekamen von Gott. Gott hält damit sein Versprechen, für uns da zu sein.
Daran wollen wir uns erinnern lassen: an Gottes Treue zu uns, und wir wollen ihm in diesem Gottesdienst darauf antworten, indem wir selbst teilen, abgeben, weitergeben an andere.
Daß uns das gemeinsam gelingt, das wünsche ich uns für diesen Gottesdienst.

Lied: Wir pflügen und wir streuen *(EKG 551)*

Eingangsworte

Aktion
SCHMÜCKEN DES ALTARRAUMS MIT ERNTEGABEN
Von den guten Gaben Gottes haben wir in unserem Lied gesungen. Und einiges von diesen guten Gaben haben wir heute mit in den Gottesdienst gebracht. In den Körben, die ihr Kinder haltet, ist vieles zusammengekommen: Äpfel sehe ich und Trauben, Birnen und Pflaumen, Kartoffeln, Gemüse und vieles mehr.
Noch ist unser Erntedankaltar leer. Aber wir wollen ihn jetzt schmücken mit all den Gaben. Und wir wollen damit sagen: Dies alles hat uns Gott geschenkt – und noch etliches mehr. Wir danken dafür.
Und wenn wir diese Gaben auf den Altar legen, dann sagen wir damit auch: Dies alles gehört nicht uns allein. Wir haben es von Gott geschenkt bekommen, und wir sind auch bereit, etwas davon abzugeben; weiterzuschenken an die, die es brauchen und die sich darüber freuen.
(Die Gaben der Kinder werden im Anschluß an den Gottesdienst zum Altenwohnheim gebracht und dort von den Kindern überreicht.)

Lied: Die Sonne hoch am Himmelszelt *(Halleluja 33)*

Psalmwort
(Nach jeder Bitte wird jeweils zweimal gesungen: Kyrie eleison – Christe eleison.)

Ich will dich rühmen, mein Herr und mein Gott!
Wie bist du so groß!

Zuverlässig ist die Erde, auf der wir stehen.
Du hast sie fest gemacht.
Du läßt die Quellen rinnen durch die Täler
und tränkst die Berge mit deinem Wasser.
Du läßt Gras sprießen für die Tiere
und Saatgrün unter der Arbeit der Menschen.
O Herr, unübersehbar reich sind deine Werke,
in deiner Weisheit hast du sie alle geschaffen.
Darum will ich dem Herrn singen mein Leben lang.
Ich will meinem Gott spielen,
solange ich da bin.

Herr, unser Gott,
staunend stehen wir vor deiner Schöpfung
und sehen, wie gut du sie gemacht hast.
Aber wir bekennen dir, Herr, daß wir oft vergessen,
wie gut alles ist, was du geschaffen hast.
Darum bitten wir gemeinsam:
Kyrie . . .

Herr, unser Gott,
wir danken dir heute für alles,
was du uns zum Leben geschenkt hast.
Aber wir bekennen dir, Herr, daß wir oft so leben,
kaufen und verbrauchen, als ob das alles uns gehörte
und wir alles selbst gemacht hätten.
Darum bitten wir gemeinsam:
Kyrie . . .

Herr, unser Gott,
uns wird bewußt, wie reich wir sind an Gütern und Gaben.
Aber wir bekennen dir, Herr, daß wir oft vergessen,
daß andere Menschen hungern
und auf unser gerechtes Teilen angewiesen sind.
Darum bitten wir gemeinsam:
Kyrie . . .

Gnadenzusage

Hört, was Gott euch zuspricht und glaubt es ihm: »Es sollen wohl Berge weichen und Hügel hinfallen, aber meine Gnade soll nicht von dir weichen und der Bund meines Friedens soll nicht hinfallen.«

Kanon: Ehre sei Gott *(Kirchentags-Melodie)*

Biblische Erzählung

Und nachdem das Wasser abgelaufen war, das so lange die Erde bedeckt und verwüstet hatte, öffnete Noah das Dach der Arche, seines Schiffes, und sah hinaus.

Und Noah sah, daß auf der Erde kein Wasser mehr stand und daß sie langsam abtrocknete.

Und er machte die Arche auf, und alles, was bei ihm war, kam heraus: seine Frau und seine Söhne und ihre Frauen. Und dann kamen auch die Tiere: die großen und kleinen Landtiere und die großen und kleinen Lufttiere, die verschiedenen Vögel; alle sprangen, krochen, trabten und flogen hinaus.

Und Noah freute sich, daß alle nun wieder Platz zum Leben hatten. Aber gleichzeitig spürte er auch Angst. Denn bekümmert und traurig sah er auf das, was von der Erde nach der großen Flut übriggeblieben war: Keine Hütte stand mehr, kein Baum trug mehr Blätter und Früchte, kein Grashalm wuchs aufrecht auf dem Boden, und keine Ähre schwankte im Wind.

Grauer Schlamm lag auf dem ganzen Land, das einst so viel getragen und geblüht hatte.

Und Noah sprach mit Gott: Danke, sagte er zuerst, danke, mein Gott, daß du uns am Leben erhalten hast, mich und meine Familie und die verschiedenen Tiere. Aber – so sprach Noah weiter – wie soll es nun mit uns weitergehen? So viel ist zu tun, um zu bekommen, was wir und die Tiere und die Pflanzen zum Leben brauchen. Wo sollen wir nur anfangen?

Und Noah blickte verzweifelt zu Boden, auf den grauen und schlammigen Boden.

Und, so setzte Noah seine Rede fort, wenn wir wieder anfangen, zu pflanzen und zu säen, zu bauen und zu planen ... Wird nicht eines Tages wieder alles umsonst gewesen sein? Dann nämlich, wenn das große Wasser wiederkommt und wenn Sturm und Kälte das Land verwüsten oder – wenn sogar die Erde ganz aufhört zu bestehen?

So stand Noah im Kreis der Menschen und der Tiere, die bei ihm waren. Mutlos, verzweifelt und mit gesenktem Kopf stand er da und starrte auf die traurige Erde.

Und Gott hörte Noahs Worte. Und Gott sah freundlich auf die Menschen und die Tiere, und er wollte ihnen Mut machen. Deshalb redete Gott mit Noah und sprach: Noah! Sieh nicht nur betrübt zur Erde.

Schau nach oben in das Blau des Himmels und in das Licht der Sonne und höre mir zu, denn ich will dir und allen Menschen, auch denen, die nach dir auf der Erde leben werden, heute ein Versprechen geben.

Ich will diese Erde nicht wieder verwüsten, obwohl ihr Menschen oft so böse handelt. Ich will euch trotzdem geben, was ihr zum Leben braucht. Und so höre mein Versprechen: »Solange die Erde steht, soll nicht aufhören Saat und Ernte, Frost und Hitze, Sommer und Winter, Tag und Nacht.«

Noah hatte die Worte Gottes gehört. Langsam hob er den Kopf und sah nach oben. Und über sich am Himmel zwischen den Wolken sah er einen Bogen, groß und bunt stand er da: mit roten und gelben, mit grünen und blauen und violetten Streifen.

Und noch einmal sprach Gott zu Noah: Noah, sagte er, siehst du den Regenbogen über dir? Dieser Regenbogen ist ein Zeichen. Er ist ein Zeichen für dich und für alle Menschen. Denn immer wenn dieser Bogen zu sehen ist, dann sollt ihr an mein Versprechen denken. Ich gebe euch mit diesem Zeichen die Erde und alles, was darauf lebt und wächst, zu treuen Händen, und ich werde meinem Versprechen treu bleiben.

Lied: Komm, bau ein Haus *(tvd B 83)*

Aktion

Während des vorangehenden Liedes tragen die Helfer die große Pinwand in den Altarraum und stellen sie für alle Gottesdienstbesucher gut sichtbar auf.

Meditation

DER REGENBOGEN – GOTT HÄLT SEIN VERSPRECHEN

Wie mag es mit Noah weitergegangen sein? Er hatte jetzt den Regenbogen als Zeichen der Treue Gottes – aber: ob er immer darauf vertraut hat? In der Bibel erfahren wir wenig über Noah und sein weiteres Leben. Aber ich vermute, er wird ein ganz normales Leben geführt haben mit all den Sorgen und Hoffnungen, mit all den Enttäuschungen und Erfolgen – wie wir. Und wenn er sich so abmühte mit seiner Arbeit, gelegentlich Ärger hatte mit seinen Kindern, wenn es nicht so klappte, wie er sich alles vorgestellt hatte, dann wird er sicher oft den Regenbogen vergessen und gedacht haben: im Grunde bin ich doch auf mich allein angewiesen. Und immer dann war es gut, wenn Noah beim Durchbrechen der Sonne durch die Wolken nach dem Regen wieder sah, wie der Himmel blühte – in den Farben des Regenbogens.

Dann wußte er wieder: Gott hilft mir zum Leben, er ist mir treu.

Ich denke, wir können Noah gut verstehen, denn uns geht es oft genauso wie ihm. Auch wir müssen uns daran erinnern lassen, daß wir bei allem, was wir leisten und tun, angewiesen bleiben auf Gottes Treue und Hilfe.

Darum hat jeder von uns mit dem Gottesdienstprogramm ein kleines Stück bunten Karton bekommen – in einer der sieben Farben des Regenbogens. Jeder von uns hat ein Stück von dem großen Regenbogen erhalten. Und damit wollen wir sagen: Jeder hat mit seinem Leben Anteil an Gottes Treue und Fürsorge für diese Welt.

Ein kleines Stück des Regenbogens – das heißt: Für unser kleines Leben gilt Gottes große Treue.

Auch wenn wir sie manchmal nicht spüren, sie ist da. Sie ist da, wenn wir merken, wie angewiesen und eingebettet wir sind in den guten Kreislauf der Schöpfung von Saat und Ernte, Frost und Hitze, Sommer und Winter, Tag und Nacht. So ist alles ein Zeichen der Treue Gottes, damit wir leben können. Oder wenn wir erfahren haben, daß wir in gefährlichen Situationen bewahrt wurden, oder wenn wir traurig und ängstlich waren und dann neue Hoffnung schöpften – dann sind dies alles Zeichen der Treue Gottes, damit wir leben können.
Für jeden eine Farbe des Regenbogens: Sie erinnert uns an das, was wir zum Leben brauchen und was zu Gottes guter Schöpfung gehört:

- Das Gelb: es ist die Farbe der Sonne, die Wachsen erst ermöglicht.
- Das Orange: es ist die Farbe des Abends, wenn die Nacht kommt und sich der nächste Tag schon ankündigt.
- Das Rot: es ist die Farbe des Feuers, das wärmt und Kraft gibt.
- Das Grün: es ist die Farbe der Pflanzen, die Farbe des Wachsens.
- Das Blau: es ist die Farbe des Himmels, der Luft, die wir atmen und von der wir leben. Es ist auch die Farbe des Wassers, das wir trinken.

Alles Zeichen für Gottes gute Schöpfung, von der wir leben können . . . damit wir alle leben können: nicht nur ich, nicht nur du, nicht nur Menschen einer Rasse, einer Erdhälfte – damit wir alle leben können.
Gottes große Treue gilt allen Menschen – wir wollen uns dies sagen lassen und uns gemeinsam deutlich machen. Darum wollen wir aus unseren kleinen Teilen den einen großen Regenbogen herstellen, der für uns alle am Himmel aufleuchtet.
Nun wollen wir nacheinander nach vorne gehen und unsere Teile zu einem großen Regenbogen auf dieser Tafel zusammenfügen – Farbe zu Farbe, bis der Regenbogen fertig ist.
(Während dieser Aktion singt die Gemeinde die Lieder: »Der Himmel geht über allen auf« [tvd B 61], »Er hält die ganze Welt in seiner Hand« [tvd D 18], »Ihr seid das Volk, das der Herr sich ausersehn« [tvd B 28].)

Meditation
DER REGENBOGEN – UNSERE TREUE ZUR SCHÖPFUNG
Nun haben wir den Regenbogen gemeinsam fertiggebaut: Groß und bunt ist er zu sehen mit seinen sieben Farben. Jeder hat sein Stück, seinen kleinen Teil dazugebracht: ein Teil, das vorher nur ein Stück buntes Papier war.
Und da merke ich und begreife: So ist das auch mit dem Versprechen Gottes an uns. Keiner kann einen Teil, einen Abschnitt dieses ganzen Versprechens von Gott für sich allein haben und behalten. Jeder mit seinem kleinen Stück hat nicht für sein Leben genug. Erst dann, wenn wir alle das uns geschenkte Stück von Gottes Treue dazubringen, erst dann können wir alle davon leben.
Ja – und erst dann, wenn wir uns alle gemeinsam an Gottes Versprechen erinnern, erst dann fangen wir an zu lernen, daß wir nur gemeinsam Gott antworten können:

im gemeinsamen Tun, im gemeinsamen Sich-Freuen, im gemeinsamen Denken und Handeln.
Gottes Welt ist uns allen anvertraut; seine Schöpfung ist uns allen gegeben, damit wir leben können: die Tiere und die Pflanzen, die Luft und das Wasser, eben alles, was wir brauchen.
Und wir dürfen uns davon nehmen, was wir brauchen.
Nur sollen wir dies behutsam tun, nicht indem wir verwüsten und ausrotten; wir sollen dies liebevoll tun und verantwortungsbewußt, nicht indem wir plündern und zerstören. Denn das, denke ich, sagt uns der Regenbogen als ein Zeichen: Gottes Treue zu dieser Welt macht uns alle zu Verwaltern seiner Treue, macht uns zu Treuhändern für seine Gaben, die er uns in unsere Hände gegeben hat, damit wir gemeinsam davon leben.

Lied: Komm, sag es allen weiter *(tvd B 9)*

Meditation
BROT UND TRAUBEN
Gott ist uns treu. Daran erinnern wir uns unter dem Zeichen des Regenbogens. Gott gibt uns diese Welt zu treuen Händen, daß wir liebevoll miteinander damit umgehen. Dazu leben wir. Als sichtbares Zeichen dafür haben wir diese großen Brote und diese Trauben hier vorne in den Altarraum gelegt. Wir wollen sie gleich – so wie wir es in den vergangenen Jahren auch gemacht haben – unter uns verteilen. Wir werden sie entgegennehmen und weitergeben an unseren Nachbarn. Jeder von uns bekommt ein Stück. Das will uns deutlich machen, wie wir einander treu bleiben: nicht indem wir möglichst viel für uns selbst bekommen, nicht indem wir alles auf Kosten anderer an uns raffen und festhalten, sondern indem wir teilen, entgegennehmen und weitergeben – Essen und Trinken, Liebe und Geborgenheit, Freude und Leid. Wir werden diese Brote aufessen. Sie werden uns sicher schmecken, auch wenn es nur ein einfaches, kleines Stück Brot ist. Zu wenig, um davon satt zu werden. Uns macht das nichts, wir werden bald reichlich zu Mittag essen. Aber für viele wäre das unendlich viel – ein Stück Brot. An sie alle wollen wir mitdenken und dabei denken an Jesus Christus, der alles geteilt hat für die Armen – Brot und Wein, Liebe und Zuwendung, Freude und Leid.
Er lebt – heute unter uns. Er lebt in unserer Mitte, wenn wir aufeinander zugehen. Er wirkt unter uns, wenn wir teilen, was wir haben und was uns fehlt. Sein Geist ist unter uns – wenn wir keinen von unserer Sorge und Nähe ausschließen. So wollen wir Brot und Trauben teilen.

Lied: Einsam bist du klein *(P. Janssens)*

Fürbittengebet

Herr, unser Gott, du hast uns unser Leben geschenkt, und du erhältst es mit allem, was wir dazu brauchen. Das versprichst du uns unter dem Zeichen des Regenbogens.

Aber wir wollen nicht vergessen, daß nicht nur jeder einzelne, sondern wir alle von deinen Gaben leben. So wie wir Brot und Trauben geteilt und weitergegeben haben, so laß es uns auch mit den anderen Dingen unseres Lebens tun. Zeige du uns, wie man teilt, lehre uns, wie man abgibt, wie man weitergibt: Essen und Trinken, Wohnung und Kleidung, aber auch Liebe und Hoffnung, Frieden und Geborgenheit.

Herr, hilf uns, mit dir, miteinander und mit der ganzen Schöpfung leben zu lernen.

Vater unser

Segen

Die Gottesdienstbesucher werden am Ausgang persönlich verabschiedet und erhalten je einen Button mit dem Regenbogenmotiv und dem Aufdruck Gen 8,22.

Technik und Vorbereitung

Dieser Gottesdienst verlangt eine längere Vorbereitungszeit – mindestens jedoch 3 Wochen –, da die verschiedenen Materialien nicht kurzfristig zu beschaffen bzw. zu erstellen sind:

Die Pinwand hatte nach den Gegebenheiten unserer Kirche eine besteckbare Fläche von 2 × 3 m und wurde gefertigt aus Kanthölzern als Material des Gestells, in das Dämmplatten mit einer Nesseltuchbespannung eingearbeitet und befestigt wurden. Dabei ist darauf zu achten, daß die besteckbare Fläche der Pinwand in einer Höhe angebracht wird, die gewährleistet, daß die Fläche für die Gemeinde gut sichtbar ist und zudem von kleineren Kindern zum Anheften ihrer Regenbogenkarten gut erreicht werden kann.

Auf der Nesselstoffbespannung der Steckfläche wurden die sieben Streifen des Regenbogens vorgezeichnet und jeweils am Anfang mit einem Kärtchen der entsprechenden Farbe des Bogens versehen (rot – orange – gelb – grün – blau – indigo – violett).

Die Kartonkärtchen (8 × 5,5 cm) für die Herstellung des Regenbogens werden entsprechend der Anzahl der erwarteten Gottesdienstbesucher zugeschnitten und in die Gottesdienstprogramme eingelegt. In der gleichen Anzahl sind auch Pinwandnadeln bereitzustellen.

Das Schwierigste war die Herstellung der Buttons (∅ 5,5 cm), weil dafür eine Buttonmaschine erforderlich ist, die wir von einer Jugendorganisation ausgeliehen haben. Für die Buttons ist eine grafisch gestaltete Druckvorlage des Regenbogenmotivs erstellt worden. Nach dem Druck wurden die Regenbogenstreifen von einer Helfergruppe mit bunten Filzstiften koloriert. Diese Gruppe half auch bei der anschließenden Herstellung der Buttons. Die Herstellungszeit für ca. 600 Stück beträgt 4 bis 5 Stunden.
Auch zur Durchführung des Gottesdienstes selbst ist eine Zahl von 6–8 Helfern notwendig. Sie verteilen am Eingang die Gottesdienstprogramme mit den eingelegten bunten Kartonkarten. Im Aktionsteil stehen sie mit Schalen mit den Pinwandnadeln bereit und sind kleineren Kindern beim Befestigen ihrer Regenbogenkarte behilflich. Schließlich bringen sie auch Brote und Trauben zu den einzelnen Bankreihen.

Kommentar

Die Besonderheit und Tragfähigkeit dieses Gottesdienstes weit über das Erntedankfest hinaus bestand sicherlich in dem Regenbogensymbol, das in Form des Buttons von vielen Kindern und Jugendlichen weitergetragen und so »ergriffen« wurde, selbst wenn nicht alle theologischen Aussagen des Gottesdienstes von ihnen nachvollzogen werden konnten.
Der Aktionsteil des Gottesdienstes wurde von der Gemeinde als relativ unruhig erlebt, da über 500 Gottesdienstbesucher fast gleichzeitig in den Altarraum drängten, um ihr Regenbogenkärtchen anzubringen. Die Helfergruppe sollte deshalb bei einer solchen Aktion dirigierend und koordinierend behilflich sein.
So positiv die Verteilung der Regenbogenbuttons von der Gemeinde aufgenommen wurde, so birgt doch ein solches materielles »Mitbringsel« aus dem Gottesdienst die Gefahr, eine Konsum- und Erwartungshaltung der Gemeinde zu forcieren, auch bei anderen Familiengottesdiensten stets etwas zum Mitnehmen zu bekommen. Auf Grund der Anfragen vieler Jugendlicher und Kinder nach weiteren Buttons mußten wir diese Problematik zumindest registrieren.

Quellennachweis

Seite 6: Foto: *G. Koschnitzke,* Bottrop.

Seite 22: Foto: *Fr. Vinken,* Essen.

Seite 23 f.: *J. Zink,* Psalm 24 (1. Dezember) – gekürzt, aus: ders., Womit wir leben können. Das wichtigste aus der Bibel in der Sprache unserer Zeit. Für jeden Tag des Jahres ausgewählt und neu übersetzt, Kreuz Verlag, Stuttgart 1963.

Seite 46: Kind, du bist uns anvertraut, aus: *F. K. Barth u. a.,* Gottesdienst menschlich, Bd. 1, Wuppertal 1973, 11.

Seite 47: Nach einer Vorlage von *Chr. Zippert,* aus: ders., Taufe, Gütersloh 1978, 119.

Seite 65: Foto: *G. Koschnitzke,* Bottrop.

Seite 75: Foto: *Fr. Vinken,* Essen.

Seite 78: *P. Stolt/H. Sierig,* aus: *P. Stolt,* Woche junger Generation, Hamburg 1965.

Seite 95: Wir sind glücklich über dieses Kind, aus: *F. K. Barth u. a.,* a. a. O., 20.

Seite 97: Foto: *G. Koschnitzke,* Bottrop.

Seite 102: Foto: *Fr. Vinken,* Essen.

Seite 122: *J. Zink,* Psalm 103, 1–5 (19. Juli) – gekürzt, aus: ders., a. a. O.

Seite 150: *P. Musall,* »... der Wind duftet süß«, aus: Mutter Erde – Bruder Himmel, Burckhardthaus-Laetare Verlag, Offenbach.